Todo es temporal

Pequeños impulsos para una vida más ligera

Mario Lopez

Impresión

Título: Todo es temporal

Subtítulo: Pequeños impulsos para una vida más ligera

Título Original: Alles ist Temporär –
Kleine Impulse für ein leichteres Leben

Autor: Mario Lopez

Editorial: ML Publishing
Margarethenstr. 7
47226 Duisburg
Alemania

Web: www.ml-publishing.com
Correo electrónico: book@ml-publishing.com

Nota: Este libro contiene, entre otros, experiencias personales y reflexiones del autor.

Primera edición: 2026
ISBN: 978-3-912373-13-4
Diseño de portada: Mico Lopez
Correccíon de traducción: Silvina Canelo

Todo es temporal

Contenido

Prólogo 1

Introducción 3

¿La prueba más antigua? 5

Carpe Diem – este día es temporal 7

No te lo tomes tan a pecho, porque todo es temporal 9

La muerte 11

Siente el dolor 13

Rendirse no es una opción 15

Mi etapa escolar como hijo de trabajadores inmigrantes 17

También esto pasará 19

El carnicero 21

La ilusión del control 23

El puesto de comida 25

Pérdida y ganancia 27

Una experiencia que lo cambió todo 29

Mi primer matrimonio 31

El videoclub VHS 33

Padre soltero 35

La muerte – parte II 39

El outing 41

El valor del instante 43

La búsqueda del abanico 45

En la playa 47

¿El tráfico molesto? 49

El cambio 51

Salud – el bien más valioso 53

El (mi) sentido de la vida 57

Lo que queda cuando todo pasa 59

Despedida 61

El “Muro” 65

Clavo y hacha 69

Atasco en la A44 75

Un grano de arena en la Vía Láctea 77

¿Es realmente todo temporal? 81

El tiempo es relativo 85

El móvil 87

¿Qué queda? 91

Mirada hacia atrás 93

Cuando los hijos se van 95

El nuevo comienzo 97

El camino hacia el primer libro 99

Bendecido por poder hacer lo que amo 101

El siguiente capítulo 105

Más largo, más corto 109

La pareja 113

Reflexión final 117

Agradecimientos 119

Sobre el autor 121

Gracias 123

Prólogo

Este libro es para ti.

Habla de cosas que pueden tocarnos a todos: la pérdida, el dolor, el miedo, pero también la esperanza, los nuevos comienzos y esos pequeños momentos que nos ayudan a levantarnos una y otra vez

No escribo para parecer sabio. Escribo porque he vivido en carne propia lo rápido que todo puede cambiar. Uno cree que tiene todo bajo control y, de repente, la vida llega y te muestra lo contrario.

La idea más importante de este libro es sencilla: todo es temporal. Lo que hoy te pesa no se quedará para siempre. Lo que ahora te da miedo no estará eternamente sobre ti. Incluso la tristeza no tiene la última palabra. Nada permanece tal como está, y precisamente eso puede ayudarnos a seguir adelante.

Pero esto no se refiere solamente a los momentos difíciles, también lo bueno es temporal. Los momentos felices pasan, la alegría viene y se va. Y por eso no deberíamos ignorarlos, ni posponerlos, ni pensar en vivirlos "algún día".

Si ahora está bien, disfrútalo, respíralo, estate presente, porque también este instante pasará.

Lee este libro despacio. Quizá solo un capítulo al día. Toma de él lo que encaje contigo. Y si te detienes un momento en una frase, entonces está bien así. Deseo que en estas páginas encuentres algo que te ayude a respirar un poco más ligero.

Introducción

Todo es temporal. Tres palabras sencillas y, sin embargo, contienen más verdad de la que muchos de nosotros queremos admitir. Nada permanece como está: ni el dolor, ni la alegría, ni la vida misma. Todo cambia, y precisamente en eso también hay un sentido.

Este libro no es un manual que te diga cómo debes vivir, sino más bien un acompañante: honesto, sencillo, humano. Contiene pensamientos y experiencias de una vida real. Algunas fueron hermosas, otras dolorosas, pero todas tuvieron algo en común: mostraron que incluso aquello que parece interminable, en algún momento pasa.

Este libro no está escrito porque ya todo esté comprendido, sino porque la vida nos enseña muchas cosas, a veces suavemente, otras duramente. Las personas vienen y se van, las etapas cambian, y hasta los momentos que más nos marcan no permanecen para siempre.

¿Para quién es este libro? Para quienes piensan demasiado, para quienes se toman la vida demasiado en serio, para personas que se preocupan o dudan y no siempre saben qué hacer con sus pensamientos. Para quienes quieren aprender a soltar, para quienes desean vivir el presente de manera más consciente, y también para quienes están atravesando un momento difícil y quizá solo necesitan un pequeño apoyo.

En la vida a menudo intentamos aferrarnos a las cosas: a las personas, a los logros, a los momentos. Pero todo tiene su tiempo, y a veces solo nos damos cuenta de ello cuando algo ya ha pasado. La vida nos enseña a tener paciencia y nos recuerda una y otra vez que nada es eterno, ni lo bueno ni lo malo.

Cuando leas este libro, deseo que de vez en cuando te detengas, que reconozcas que incluso las fases difíciles pasan, y que aprendas a disfrutar los momentos hermosos de manera más consciente. Porque cada instante, por pequeño que sea, es único e irrepetible.

Y quizá este libro te ayude a tomarte las cosas un poco más a la ligera, porque al final siempre permanece la misma verdad: **todo es temporal.**

¿La prueba más antigua?

Cuando pensamos en la palabra "temporal", a menudo pensamos primero en nuestra propia vida: en los cambios, en envejecer, en el comienzo y el final.

Pero ¿qué ocurre si ampliamos la mirada, mucho más allá, tan lejos que podemos ver el conjunto completo?

Los científicos suponen que todo comenzó hace unos 13,8 mil millones de años, con el Big Bang, un momento casi imposible de imaginar. De una aparente nada,surgió el Universo, el espacio y el tiempo, la energía y la materia, y desde entonces sigue expandiéndose.

Nacen galaxias, se mueven, chocan entre sí y cambian. Las estrellas nacen, brillan durante millones de años y finalmente se apagan. Incluso nuestro sol, que nos da luz y calor cada día, se extinguirá algún día; no hoy ni mañana, pero algún día.

Incluso los planetas, las lunas y los agujeros negros son, al final, temporales.

. Surgen, cambian y desaparecen de nuevo.

Cuando uno comprende realmente esto, queda algo claro: nada permanece para siempre, ni siquiera las estrellas, y quizá, ni siquiera el tiempo tal como lo conocemos hoy.

Y ahora pon esto en relación con nosotros. La esperanza de vida media en el mundo es de unos 73 años; en muchos países, de 80 o un poco más. Comparada con 13,8 mil millones de años, una vida humana es casi nada. Expresado en porcentajes, una vida entera representa aproximadamente el 0,0000005 por ciento de la existencia del universo hasta ahora, un punto tan pequeño que apenas se puede ver.

Y aun así, solemos tomarnos nuestra corta existencia muy en serio. Nos enfadamos, discutimos, luchamos como si todo fuera a durar para siempre, cuando en realidad solo estamos de paso, una etapa diminuta.

Por eso merece la pena aprovechar bien este tiempo: vivir, amar, reír, sentir y no hacerlo todo tan pesado, y menos aún con uno mismo. Incluso las mayores preocupaciones se vuelven livianas algún día. Se desvanecen, como la luz de una estrella que sigue viajando hacia nosotros aunque hace mucho que dejó de existir.

Tal vez esa sea la prueba más antigua: todo es temporal. Nada permanece como fue, ni siquiera el propio universo. Y quizá ahí resida la belleza: en que somos parte de algo inmenso, breve, fugaz y, aun así, vivos.

Todo es temporal.

Carpe Diem – este día es temporal

Suena fuerte. Mucha gente tiene esta frase colgada en la pared. Y, aun así, a menudo vivimos exactamente en contra de ella. El día avanza, funcionamos, y ya estamos pensando en mañana mientras hoy todavía ni siquiera ha empezado de verdad.

Hace algún tiempo celebramos el cumpleaños número 19 de mi hijo. Poco antes se había mudado a su propio hogar porque comenzaba con su estudio. Había orgullo, también alegría, y luego esa sensación silenciosa que se cuela entre medias: otra vez algo ha terminado, una etapa más.

Mis dos hijos mayores también estaban allí. Los miré y pensé: este es uno de esos momentos que no se pueden retener, pero que no se deben perder. Para él comienza un nuevo camino, y para mí también. El día fue bonito, reímos, hablamos, recordamos, y precisamente por eso era diferente, porque momentos así pasan rápido, sin que uno se dé cuenta.

Y entonces ocurrió. Mi mente se fue de viaje. Una mirada por la ventana, el garaje a medio terminar, y de golpe: planificar, calcular, los siguientes pasos, material, tiempo. Luego el coche de leasing, el siguiente pensamiento: pronto habrá que buscar un sustituto, contrato, plazos, papeleo.

Y de repente aparecieron también las pequeñas cosas que todavía hay que hacer "rápidamente". La cabeza estaba llena, el momento se había ido. Algo estalló dentro de mí: basta. Para con esto.

Ahí estás, sentado en un momento feliz, con personas que son importantes para ti, y ni siquiera estás realmente presente, sólo físicamente, el pensamiento está en otro lugar. Más tarde, la doctora Ramona Lorenz me envió una reflexión al respecto. Ella viene del ámbito de la investigación educativa y se ocupa mucho de cómo influyen en la vida cotidiana las relaciones, la atención y la presencia auténtica.

Un pensamiento más que para mí fue muy claro al leerlo: la presencia consciente en el momento es a menudo precisamente lo que crea buenas relaciones con otras personas. Cuando un niño percibe que alguien está solo físicamente presente, la relación se resiente y con el tiempo puede surgir una distancia. Creo que los niños lo perciben con especial sensibilidad, pero también se aplica a otras personas en la vida.

¿Por qué hacemos esto? ¿Por qué es tan difícil simplemente estar aquí? Vivimos en el ayer o en el mañana, y pasamos por alto lo único que es real: el ahora.

Respiré hondo y volví a traerme de regreso. No más tarde, ahora. Quédate aquí, exactamente aquí. Y entonces volvió el momento: calor, risas, cercanía, esa sensación de que ahora mismo todo está bien, sin necesidad de hacer nada.

A veces la vida es exactamente eso: una señal interior que dice despierta, quédate aquí quédate aquí, porque lo que vivimos hoy, mañana será recuerdo.

Aprovecha este día, porque también él es temporal.

No te lo tomes tan a pecho, porque todo es temporal.

A menudo nos complicamos la vida más de lo necesario. Nos enfadamos por cosas que no podemos cambiar, nos quedamos atrapados en preocupaciones, en la ira o en la decepción, como si tuviéramos que aferrarnos a ellas. Pero la verdad es sencilla: nada permanece.

Todo está en movimiento, hoy de una manera, mañana de otra. A veces una discusión se siente como una grieta que ya no se cierra; un error, como un sello en la frente; una decepción, como una piedra en el estómago. Pero esas situaciones no son eternas, son una etapa y pasan.

Convertimos pequeñas cosas en algo enorme hasta que nos quitan el aire: una palabra equivocada, una mirada, un momento que no sale según lo planeado. En ese instante parece gigantesco, casi insuperable, y más tarde miras atrás y piensas: ¿de verdad gasté tanta energía en eso?

La vida se vuelve más ligera cuando puedes dar un paso atrás por dentro. No todo lo que ocurre tiene que arrastrarte, no todo merece toda tu atención. A veces basta una respiración y una frase que te devuelva al presente: esto también pasará.

La serenidad no significa que todo te dé igual. La serenidad significa que tú decides qué es importante, y muchas cosas no lo son.

Si uno es consciente de esto, en ese mismo momento tiene una herramienta para manejar la situación de forma más clara. Lo temporal se convierte aquí en una guía ordenadora: qué que merece tiempo y energía y que no.

Hoy un problema parece grande, mañana es solo una historia, y pasado mañana quizá algo de lo que incluso sonrías.

Tómate la vida con más ligereza. Los errores son normales, los retrocesos también. No son insignificantes, pero tampoco son el final. Puedes aprender de ellos, puedes crecer con ellos, y aun así sigue siendo cierto: no te destruyas por ello.

Ha ocurrido, lo tomas contigo y luego sigues adelante, como las olas: te sacuden por un momento y después todo vuelve a calmarse.

Al final no cuenta lo que te sacó brevemente del camino, sino que sigas adelante.

No te lo tomes tan a pecho, porque todo es temporal.

La muerte

Tenía seis años cuando murió mi madre. Falleció en un accidente de tráfico. El accidente ocurrió cuando ella llevaba a mi padre al trabajo.

Mi padre, que trabajaba como maniobrista en el ferrocarril, llegó a casa aquel día cubierto de sangre. Él sobrevivió al accidente, ella no. Un camión no le cedió el paso.

Todavía recuerdo la inquietud que de repente entró en nuestras vidas y, al mismo tiempo, el silencio. Vecinos y amigos intentaron consolarnos, nos traían chocolate y cosas ricas. Si eso ayudó en aquel momento, hoy ya no lo sé. Creo que simplemente era demasiado para comprender lo que había sucedido.

Mi padre se quedó de repente solo, con cuatro hijos. Hizo todo lo posible para que la vida cotidiana continuara, pero nadie pudo llenar el vacío que dejó mi madre.

Recuerdo las noches en las que se sentaba en la mesa de la cocina, en silencio, cansado, agotado y, aun así, presente. Hizo todo lo que pudo y nunca dejó ver su debilidad.

En aquel entonces no podía comprender la pérdida. Tenía miedo y no sabía cómo seguiría todo. Para un niño, la muerte es incomprensible; solo se siente que falta algo que nunca volverá.

Si en aquel tiempo alguien me hubiera explicado de una manera adecuada para mi edad: "Este dolor no es infinito, como todo en la vida es temporal", quizá me habría ayudado a afrontar mejor la situación. Pero nadie me dijo algo así.

Hoy, muchos años después, veo ese momento como parte de mi vida, como el comienzo de algo que me ha marcado. He aprendido que incluso lo peor cambia con el tiempo. Uno sigue viviendo, recuerda y aprende a convivir con el recuerdo.

Mi esposa Silvina tiene una frase que se me quedó grabada: el dolor nunca desaparece del todo, pero cambia sus colores, sus matices. Y así es exactamente como lo he vivido.

Incluso el dolor más profundo es temporal, como todo en la vida.

Siente el dolor

El dolor forma parte de la vida, nos guste o no. Nos alcanza de muchas maneras distintas: de forma física, emocional, a través de pérdidas, decepciones o despedidas. A veces se anuncia, otras veces llega de repente, nos saca del camino y nos hace creer que nada volverá a ser como antes.

Pero el dolor nunca permanece igual, cambia, como todo en la vida. Al principio es fuerte, ardiente y difícil de soportar. Con el tiempo se vuelve más silencioso, pierde su filo, se transforma en recuerdo y, en ocasiones, de ese recuerdo nace incluso la gratitud.

Muchas personas intentan evitar el dolor. Se distraen, lo reprimen, se sumergen en el trabajo, etc.

Pero el dolor quiere ser sentido; de lo contrario, se queda. Es como un huésped, sólo puede marcharse cuando se le permite estar; se lo siente, se lo vive, se lo acepta, se lo supera.

A lo largo de mi vida he aprendido que intentar reprimir el dolor suele hacerlo más fuerte. En cambio, quien lo acepta de manera consciente, quien lo siente sin dejar que lo devore, se vuelve más libre con el tiempo.

El dolor nos transforma. Nos muestra qué es lo que realmente importa, qué amamos, qué necesitamos y qué no. Nos obliga a mirar de frente y, a veces, precisamente ahí reside su sentido.

Así que, la próxima vez que sufras, cuando algo te golpee y te conmueva profundamente, recuerda esto: no tienes que luchar contra ese dolor. Puedes sentirlo, porque tampoco es para siempre. Se volverá más suave, te dará una nueva fortaleza y un día mirarás atrás y podrás decir: lo he superado.

Siente el dolor, pero recuerda: es temporal.

Rendirse no es una opción

Muchos de mis alumnos conocen bien esta frase mía: "Rendirse no es una opción". Está colgada en grandes caracteres chinos en la pared de nuestra escuela, no porque suene bien, sino porque es una realidad.

Durante el entrenamiento, ésta frase ayuda. No la usamos para presionar, sino como sostén. La fuerza no empieza en los músculos sino en la mente. Rendirse no es debilidad, pero mantenerse firme forja el carácter.

Esto se ve con mucha claridad especialmente en el entrenamiento de resistencia o en ejercicios que parecen interminables. Algunos se ponen un límite interior, otros dan un paso más. Hay momentos en los que se nota exactamente cuándo alguien piensa: no puedo más. Y justo entonces aparece esa frase: "Rendirse no es una opción".

De repente cambia la postura, la respiración se calma y vuelve la fuerza, no porque el cansancio haya desaparecido, sino porque la voluntad se vuelve más fuerte. Ese instante en el que alguien supera sus propios límites no tiene precio, no solo en el deporte, sino también en la vida.

Al final no decide solamente el talento, sino también la perseverancia.

¿Cuántas competiciones se han decidido en el último segundo, en el sentido más literal? Incontables. Ya sea en un maratón, en el fútbol, en un exámen de conducir, en una formación profesional o en los estudios, al final suele ganar quien no se detiene. El éxito a veces tiene que ver con la suerte, pero casi siempre con la decisión de continuar.

En la vida cotidiana no es diferente. En el trabajo, en las relaciones o en los propios objetivos, todos llegan alguna vez a sus límites. A veces se fracasa, a veces se duda y a veces uno simplemente quiere abandonar. Pero quien aprende a seguir adelante incluso entonces se vuelve más fuerte que cualquier contratiempo, porque el esfuerzo, el dolor y el agotamiento no duran para siempre.

A veces continuar no significa "seguir a toda costa". Sino significa detenerse un momento, tomar aire y volver a empezar. Quiza uno se da cuenta en ese instante, que la meta estaba mal elegida o ya no encaja con la vida. Entonces no es rendirse, es un reajuste inteligente, pero no es abandonar.

A veces lleva días, semanas, meses, o incluso años. Pero nada permanece igual para siempre. Lo que queda es el recuerdo de no haberse rendido. Eso se siente como una victoria silenciosa, no ruidosa ni ostentosa, pero que acompaña durante mucho tiempo.

Este principio lo he vivido muchas veces: en el entrenamiento, en la vida cotidiana, al escribir mis libros y en proyectos que han costado más fuerza de la que se ve desde fuera. Siempre que estuve a punto de tirarlo todo por la borda, esa frase volvió a surgir: "Rendirse no es una opción".

Me acompaña como un maestro tranquilo. Recuerda que nada es permanente: ni el esfuerzo, ni el dolor, ni las dudas. Todo es temporal. Pero lo que surge cuando uno persevera permanece, y precisamente por eso vale la pena levantarse una y otra vez. Solo quien continúa puede crecer.

Por muy difícil que sea a veces, este momento también es temporal.

Mi etapa escolar como hijo de trabajadores inmigrantes

Después de la muerte de mi madre nos mudamos a Duisburg-Hohenbudberg, a una colonia ferroviaria. Mi padre trabajaba allí como maniobrista en el ferrocarril.

Él era uno de los muchos llamados trabajadores extrangeros que llegaron a Alemania a principios de los años sesenta. Mis dos hermanos mayores nacieron aún en el sur de España. Mi hermano pequeño y yo nacíemos en Rheinhausen, hoy Duisburg-Rheinhausen/Alemania.

Después de la escuela primaria, como era habitual en aquella época, debía ir al centro más cercano, una escuela secundaria básica. Ya el primer día me di cuenta de que era diferente. No solo por el aspecto, también por el nombre y, sobre todo, por la mirada de los demás. Para muchos yo era el extranjero. Esa palabra no siempre se decía abiertamente, pero se sentía en las miradas, en los recreos, en pequeños comentarios.

Yo era el único de mi clase con un nombre español: Mario Lopez.

En ese tiempo tuve que aprender a defenderme. Había días en los que las palabras no bastaban y había que protegerse sin muchas explicaciones, a los golpes.

En el fondo solo quería pertenecer, al sistema, pero no era fácil. Recuerdo muchas tardes en las que volvía a casa pensando: ¿cuándo terminará por fin la escuela?, siempre estas luchas, estas fricciones, esta necesidad constante de ser fuerte. Se sentía interminable. Hoy lo sé: fue una etapa, dura y formativa.

Si en esa época, un profesor me hubiera dicho: todo es temporal, este tiempo pasará, veamos juntos cómo sacar lo mejor de ello, quizá muchas cosas me habrían resultado más fáciles. Pero eso no existía.

En aquel entonces no se hablaba de estas cosas, y precisamente por eso escribo este libro. Quiero dar ánimo para resistir, en momentos difíciles, porque también los tiempos duros cambian, también pasan.

Hoy veo esos años escolares como una de las escuelas de vida más importantes que he tenido. Me enseñaron a ser fuerte y a afirmarme. Aprendí que la aceptación no siempre se regala; a veces hay que ganársela, a veces incluso lucharla.

Y lo más importante: aunque entonces fue duro, solo fue un tramo del camino, un tiempo, una de muchas fases que aún estaban por venir.

Todo es temporal.

También esto pasará

Cuántas veces nos complicamos la vida nosotros mismos: damos vueltas a las cosas, dudamos, sentimos miedo y, al final, aquello que tememos la mayoría de las veces ni siquiera ocurre.

Nuestra mente gira en círculos, nos ponemos obstáculos y, mientras tanto, olvidamos vivir.

Pienso en situaciones en las que me he enfadado por pequeñeces: una cita perdida, una palabra mal dicha, una factura que llegó de forma inesperada. En ese momento se sentía enorme, como si todo fuera a venirse abajo, y unos días después ya no tenía importancia. Entonces me preguntaba: ¿por qué me preocupé tanto?

Muchas preocupaciones son como nubes oscuras, parecen amenazantes, pero a menudo siguen su camino sin que llegue a llover de verdad. Cuando uno entiende eso, muchas cosas se vuelven más ligeras.

He leido que el 96 por ciento de nuestras preocupaciones nunca se hacen realidad. Sea exactamente ese número o no, la idea que hay detrás es cierta: damos demasiado espacio a algunos miedos, los alimentamos con tiempo, energía y noches sin dormir.

Nos preocupa enfermarnos, nos preocupa que el dinero no alcance, tenemos miedo de perder a la pareja o el trabajo. Y entonces uno se pregunta con sinceridad: ¿con qué frecuencia ocurre realmente?

No tan a menudo. Y cuando ocurre, casi siempre encontramos un camino. Quizá no de inmediato, no de forma perfecta, pero de alguna manera seguimos adelante.

Hoy lo sé: muchas cosas que hoy nos pesan, mañana ya tienen menos importancia. Algunas se resuelven solas con el tiempo, y ni siquiera las fases difíciles duran para siempre.

Así que no te atormentes con aquello que no puedes cambiar. Confía en que todo lo que sucede tiene su tiempo y vuelve a pasar, porque ningún problema, ningún miedo, ninguna preocupación es eterna.

Todo es temporal.

El carnicero

A los quince años comencé el oficio de carnicero; en aquel entonces todavía se decía matarife. El primer día se me quedó grabado como si hubiera sido ayer.

Por la mañana estaba en la sala de embutidos. Delante de mí había una gran cuba de metal, como una bañera sobre cuatro patas, llena de sangre, tripas y cosas que en aquel momento me resultaban extrañas y que, sinceramente, habría preferido que siguieran siéndolo. El olor era pesado, penetrante, casi insoportable.

Con cautela pregunté si había una máquina mezcladora o algo con lo que se pudiera remover todo aquello. La respuesta fue seca: "Arremángate. Usas los brazos". Bastó una mirada al rostro del encargado. No era una broma, iba en serio. Así que empecé.

Aquella masa tibia y resbaladiza subía por mis antebrazos; casi me daban ganas de vomitar. Aun así me quedé allí, no para aparentar fortaleza, sino porque no quería decepcionar a mi padre. Criaba solo a cuatro hijos; no había espacio para excusas.

El taller era frío, el trabajo duro, el salario pequeño, pero el equipo era bueno. Nos reíamos juntos, y eso fue lo que muchas veces me mantuvo en pie.

Con el tiempo llegó la rutina: el manejo del cuchillo, el manejo de la presión, el manejo de los olores y también el manejo de días que simplemente no son agradables. La disciplina dejó de ser una teoría y se convirtió en el día a día.

No había dinero de bolsillo, así que había que ganarse el propio. Rendirse no era una opción, así que se seguía adelante.

En aquel momento no estaba claro para qué me servía todo eso. Hoy lo está: esos años ayudaron a resistir más adelante en la vida.

La formación fue dura, sí, pero formó carácter. Mirándolo atrás, no fue solo trabajo, fue desarrollo. Costó esfuerzo, pero fue importante.

Y como todo en la vida, también eso pasó: el hedor, el frío, el cansancio, los días interminables.

Mi hermano menor todavía me toma el pelo con eso. Sonríe y dice: “Fueron los únicos años en los que trabajaste de verdad”. Entonces nos reímos, y queda claro que ese tiempo ya quedó muy atrás.

Todo es temporal.

La ilusión del control

Los seres humanos tenemos la necesidad de tenerlo todo bajo control. Planificamos, organizamos, pensamos con antelación con la esperanza de que eso nos dé seguridad. Pero si somos sinceros, rara vez tenemos el control realmente en nuestras manos.

Creemos que podemos dirigir la vida, pero muchas veces es la vida la que nos dirige a nosotros. Hacemos planes y la vida hace los suyos, y a veces todo sale de forma muy distinta a como lo habíamos imaginado. Precisamente eso es lo que nos saca de equilibrio.

Recuerdo muchas situaciones en las que pensé: todo va de maravilla, y de repente apareció algo con lo que no había contado, un acontecimiento inesperado, un giro, un momento que me obligó a soltar, a caer, a levantarme y a seguir adelante.

Tal vez esa sea exactamente la lección: el control es una ilusión. Podemos controlar nuestro comportamiento, pero no el resultado. Podemos prevenir y planificar, pero la vida siempre tiene la última palabra.

A veces pienso en personas que se presionan a sí mismas porque creen que todo tiene que salir perfecto. Se aferran a planes, a ideas, a estructuras, y cuando algo falla se sienten como si hubieran fracasado, cuando en realidad no han fracasado. Simplemente han olvidado que no se puede obligar a la vida.

Yo también he vivido momentos en los que quise retener cosas que ya se habían ido: relaciones, ideas, proyectos que simplemente ya no funcionaban. Quería salvarlos, arreglarlos, porque creía que podía influir en el resultado. Pero llegó un punto en el que tuve que soltar, porque entendí que era lo mejor para las otras personas implicadas.

Hoy sé que a veces lo mejor ocurre cuando uno deja de luchar, cuando acepta que la vida tiene su propio plan. El control es importante hasta cierto punto, pero después se necesita confianza.

Porque incluso esa sensación de tener que tenerlo todo bajo control es solo una fase, una ilusión que pasa.

Como todo en la vida, porque todo es temporal.

El puesto de comida

Después de terminar la formación como carnicero, debía surgir algo propio: joven, motivado, lleno de ideas. Así llegó el crédito del banco de siempre y, poco después, allí estaba: un puesto de comida ambulante. Con él comenzó mi primera etapa como autónomo.

Con 19 años, el puesto se instaló en Friemersheim, un barrio de Duisburg, en la plaza del mercado. Patatas fritas, salchichas, chorizos, etc., todo lo que se preparaba rápido y gustaba a la gente. El puesto era sencillo, pero era todo mi orgullo. Por primera vez apareció esa sensación: ahora camino sobre mis propios pies, ahora no decide nadie más.

La apertura fue en invierno, un noviembre helado, algunos días con veinte grados bajo cero. Por la mañana estaba dentro del puesto, el aliento visible, los dedos medio congelados, y fuera casi nadie quería quedarse a comer con ese frío.

Aun así, se siguió adelante, con ganas, aunque el comienzo fue duro. Y, de hecho, fue mejorando.

Con el tiempo llegaron los clientes habituales. Muchas caras se volvieron conocidas, a la gente le gustaba la comida y también el trato: una broma suelta, un café invitado. Ese contacto con las personas era lindo, y la sensación de haber construido algo propio lo era aún más.

Pero, como ocurre tantas veces en la vida, todo salió distinto. Una mañana había una carta del ayuntamiento en el buzón: "Su puesto de comida no se ajusta la imagen de la ciudad". Negro sobre blanco. Difícil de creer. Poco después, el permiso habilitación fue retirado.

Decepción, rabia, desconcierto. Haberlo dado todo y, de repente, se había acabado.

Al mismo tiempo llegó la siguiente noticia: mi novia estable estaba embarazada. Yo Diecinueve años y ella diecisiete años. El momento no podía ser menos adecuado. Justo estaba comenzando la independencia profesional y, aun así, estaba claro: rendirse no era una opción. Ahora hacía falta un ingreso seguro.

Así que el puesto de comida se vendió, con dolor en mi corazón. Después volví a trabajar como empleado en una carnicería en Duisburg-Meiderich, en la empresa Massa. Un paso atrás y, al mismo tiempo, uno hacia delante.

Hoy, al recordarlo, aparece una sonrisa. Aquella etapa me enseñó mucho: responsabilidad, valentía y también que los contratiempos forman parte del camino. Nada permanece como está. A veces duele, y a veces es exactamente lo correcto.

También esta etapa como autónomo fue temporal, pero me hizo más fuerte. Y eso está bien.

Porque todo es temporal.

Pérdida y ganancia

En la vida se pierde mucho: personas, cosas, oportunidades, sueños. Y aun así, con cada pérdida, se crea espacio para algo nuevo.

A menudo uno lo reconoce más tarde, cuando mira hacia atrás y se da cuenta: precisamente eso debia que terminar para que algo distinto pudiera surgir.

En mi vida hubo más de un momento que se sinieron como un final. En aquel entonces estaban el orgullo, la motivación, esa sensación de por fin estar de pie por uno mismo. Cuando tuve que cerrar el puesto de comida tuvo que abandonarse, la decepción fue grande. Se sentía injusto, el futuro daba miedo y en la cabeza solo había un pensamiento: ahora el sueño se ha terminado.

Hoy está claro: no fue un final. Fue un capítulo que tuvo que cerrarse para que pudiera comenzar uno nuevo.

Más tarde llegó el siguiente emprendimiento, otra vez la independencia, esta vez un videoclub de VHS. Se compraron aparatos y películas, se llevaron a los clientes, se entregaron de manera personal. Funcionó bien hasta que algunos aparatos se estropearon y algunos clientes simplemente desaparecieron con las películas.

Otra vez un contratiempo, otra vez una pérdida. En aquel momento pensé: ya he fracasado otra vez.

Hoy, a la distancia, se ve de otra manera. Se ganó más de lo que entonces era visible: responsabilidad, experiencia en el trato con las personas y, sobre todo, la capacidad de no quedarse tirado después de las decepciones.

Caerse y volver a levantarse te hace más fuerte, no de golpe, sino paso a paso.

Perder duele, sí, pero sin pérdida tampoco hay cambio. Cada paso hacia adelante significa dejar algo atrás, y a veces es precisamente aquello que se pierdo, lo que nos mantenra atrapados.

Cuando hoy miro hacia atrás, una cosa queda clara: de cada pérdida surgió crecimiento, no porque estuviera planeado, sino porque la vida lo exigió.

Porque cada pérdida también encierra una ganancia, ya que todo es temporal.

Una experiencia que lo cambió todo

De adolescente estaba a menudo enfadado, con todo y con todos. Me irritaba con facilidad, era fácil de provocar y tenía constantemente esa sensación de estar siendo tratado de forma injusta.

El grupo de amigos encajaba con eso: ruidosos, explosivos, impulsivos. Poco dinero, pocos planes y, cuando uno es joven, no piensa en el mañana, a largo plazo, se busca cualquier manera de salir adelante.

En algún momento ocurrió una situación que más tarde me abrió los ojos. Acabó en los tribunales, por una agresión. La condena fue horas de trabajo comunitario: pavimentar en el hospital Johanniter, un febrero helado. Ese tiempo lo cambió todo.

Las piedras frías siguen en mi memoria hasta hoy, las manos rojas de frío, ninguna persona conocida a mi alrededor, ninguna distracción, solo trabajo y tiempo. Tiempo para pensar, tiempo para arrepentirse, tiempo para comprender.

Una noche, meditando me hice un juramento: nunca más. Nunca más una situación así, nunca más un error así, nunca más una estupidez así.

Después de esa experiencia ya no era el mismo. Algo se había desplazado dentro de mí. El enfado dejó de parecer algo aceptable. El enfado era simplemente una tontería. Tenía que ser diferente, por mí, por mi padre, por mi familia.

Por suerte, los viejos amigos también enderezaron el rumbo con el tiempo. Trabajar, seguir adelante, no más ideas estúpidas. No porque de repente todo fuera fácil, sino porque quedó claro adónde conduce el camino equivocado.

Esa única experiencia enseñó más que cualquier libro y cualquier maestro. Mostró lo rápido que uno puede caer y que, al final, solo uno mismo decide si se queda allí o cambia de rumbo.

Hoy está claro: a veces hace falta un golpe para despertar. Y por duro que se sintiera ese tiempo, al final me salvó.

Todo lo que duele puede ser una lección, y también eso

Mi primer matrimonio

A los quince años la conocí. Ella tenía trece. Éramos jóvenes, estábamos enamorados y pensábamos que duraría para siempre, pero la vida rara vez piensa en términos de "para siempre".

Cuando llegó la noticia del embarazo, todo cambió. Aun así, tuvimos claro desde el primer momento: este hijo debía venir al mundo.

En los años ochenta, para mí como católico, era casi inconcebible criar a un hijo fuera del matrimonio. Así que decidimos casarnos. Ella estaba en el cuarto mes de embarazo y yo sentía que ya era lo bastante mayor para asumir la responsabilidad.

El día en el hospital sigue muy presente hasta hoy. Trece horas en la sala de partos, agotados pero llenos de orgullo. Entonces llegó él, mi hijo, y de repente todo quedó claro: ahora soy padre.

Por tan hermoso que fue ese momento, tan difícil se volvió el tiempo después. Éramos demasiado jóvenes, demasiado inexpertos, y la responsabilidad era mayor de lo que podíamos comprender.

Queríamos ser buenos padres. Amábamos a nuestro hijo. Y entonces, no habían pasado ni cuatro meses desde el nacimiento, llegó la siguiente frase: "Estoy embarazada otra vez".

Silencio, miedo, sobrecarga, dudas, todo al mismo tiempo.

Un aborto tampoco fue una opción esa vez. Así que tomamos la decisión de tener el segundo hijo. Sería una niña. Hermosa. Queríamos ser fuertes y hacerlo todo bien, pero la realidad fue más dura: dos hijos, poco dinero, mucha presión y cada vez más discusiones entre dos padres jóvenes, claramente desbordados.

El matrimonio empezó a resquebrajarse. Se discutía a menudo, demasiado a menudo, incluso delante de los niños. Hasta el día de hoy me duele.

En algún momento tomamos la decisión de separarnos, no porque no hubiera amor, sino precisamente porque lo había, y porque no quería que los niños sufrieran por nuestros conflictos. Fue una decisión difícil, pero a veces la distancia es la única forma de que vuelva a surgir la paz.

Nuestra hija nació dos años antes de la separación, una niña maravillosa con la que hasta hoy existe un vínculo inseparable.

Con mi hijo la relación fue a menudo más complicada. Oscilaba entre un gran orgullo y el pensamiento: ¿por qué hace esto? Creo que nunca me perdonó del todo haberme ido en aquel entonces. Aun así, hay amor, y hoy existe un contacto regular. Eso me alegra mucho.

Cuando miro atrás, no veo solo errores, también veo lecciones. Con veintiún años tenía dos hijos y ya la sensación de haber vivido dos vidas. Desde la perspectiva actual, era demasiado joven para todo aquello.

Fue una etapa llena de turbulencias, pero también llena de vida. Mostró que el amor por sí solo no basta, que la responsabilidad pesa mucho y que a veces hay que soltar para no hundirse.

Este matrimonio, por breve que fuera, fue una etapa que me marcó. **Todo es temporal. fue solo temporal.**

El videoclub VHS

En la época anterior a TikTok, X, Facebook, YouTube, Instagram, Netflix o los programas de inteligencia artificial, existían las cintas VHS: grandes casetes negros de plástico que se introducían en la videocasetera para ver una película.

En la televisión había tres canales: ARD, ZDF y WDR. Con suerte se añadía un cuarto. Quien quería más variedad iba al videoclub y alquilaba películas.

La videocasetera era caros, el alquiler era engorroso: documento de identidad, tarjeta, todo como en una biblioteca. Y si una cinta se devolvía tarde, se cobraban recargos. A veces la multa acababa siendo más cara que la propia cinta.

Entonces surgió una idea: ¿por qué no llevar las películas directamente a casa y, además, la videocasetera? Así nació un pequeño servicio de entrega de películas. Tal vez fue una idea temprana de lo que hoy sería un servicio de reparto. Solo es una broma. Pero tengo que sonreír un poco mientras escribo esto.

Se pidió un crédito, se compraron cinco videocaseteras y una selección de películas populares. En periódicos locales como Stadtpanorama aparecieron pequeños anuncios.

Por la noche, después del trabajo, comenzaba la ruta. Una maleta de viaje en la mano, el aparato bajo el brazo. Los clientes llamaban por teléfono de disco para concertar una cita; los teléfonos móviles aún no existían.

Al principio funcionó sorprendentemente bien. A la gente le encantaba poder ver películas sin salir de casa.

Luego llegaron los problemas. Algunos aparatos se estropearon, o algunos clientes se mudaron y simplemente se llevaron las películas o las videocaseteras. Otros dejaron de abrir la puerta o ya no contestaban al teléfono.

Después de unos meses quedó claro: este modelo no duraría mucho. Otra vez dinero perdido, tiempo invertido y una lección aprendida. Ser autónomo no es sencillo.

Aun así, no fue el fin del mundo. Lo que entonces se sentía como un gran golpe, visto con distancia fue solo una etapa.

De esta etapa surgió un pensamiento: el dinero es solo papel de colores. Entonces, ¿por qué actuar como si lo fuera todo? El deseo de ser autónomo tenía otro motivo: tomar decisiones propias, asumir responsabilidad, es no el dinero.

A veces se pierde algo para ganar otra cosa más adelante: experiencia, fortaleza, paciencia. Este intento fracasó, sí, pero las lecciones aprendidas dieron ánimo para atreverse a probar cosas nuevas.

Y así, también este tramo fue solo una parte de mi vida. En aquel momento parecía enorme; hoy está claro que fue más pequeño de lo que se sentía.

También esta fase fue temporal.

Padre soltero

En 1992, después de la reunificación, conocí a mi segunda esposa en Brandeburgo, en una época en la que yo trabajaba como asesor financiero en el servicio externo. Al principio muchas cosas encajaban, nos llevábamos bien, teníamos planes, sueños e ideas similares sobre la vida. Después del primer matrimonio fallido, el deseo de hacerlo mejor esta vez era grande, con más madurez, más experiencia y la sensación de haber aprendido de los errores. Y, de hecho, al principio muchas cosas funcionaron bien.

Construimos acosas en común, tuvimos una hija. Como padre quería que fuera diferente: estar más presente, escuchar más, vivir de forma más consciente. Ese era el plan, y durante un tiempo también funcionó.

Pero con los años la convivencia fue cambiando. Entre el trabajo, la rutina y las obligaciones, la cercanía se fue perdiendo. No hubo un gran estallido, más bien un distanciamiento silencioso, casi desapercibido, hasta que en algún momento quedó claro: ya no había un camino común. El matrimonio duró dieciocho años.

Tras la separación llegó la disputa por la custodia de nuestra hija. Nuestra pequeña, que acababa de cumplir cinco años, dijo en el servicio de protección de menores: "Quiero quedarme con papá". Esa frase se me quedó grabada: alegría, alivio y, al mismo tiempo, respeto por lo que vendría ahora.

De repente me encontré de nuevo solo, esta vez con una hija que me necesitaba y con una responsabilidad que debía asumirse.

Durante diez años fui padre soltero, hasta que conocí a mi actual esposa. Trabajar, educar, escuchar, cocinar, consolar, poner límites: en ese tiempo todo recaía sobre mis hombros y, aun así, lo hice con mucho gusto.

La vida cotidiana era un acto de malabarismo: levantarse temprano, despertar a la niña, preparar el desayuno, llevarla a la escuela, a trabajar, cocinar, deberes, lavar la ropa, ordenar, papeleo y por la noche caer rendido en la cama. Era agotador, sin duda, pero valía la pena, cada día.

Esa etapa la viví de forma consciente, era intensa y real. Ser padre otra vez, pero con una mirada distinta, y estaba agradecido por eso.

A veces, cuando por la noche se apagaba la luz y mi hija por fin dormía, me quedaba despierto mucho tiempo, no porque fuera necesario, sino porque quería verla dormir. Música suave de fondo, pensamientos en la cabeza y otra vez el plan para el día siguiente. En esos momentos había una sensación clara: esto está bien. Esto es lo correcto.

Por supuesto también hubo sobrecarga, días en los que todo era demasiado, días en los que nada salía como debía. Pero bastaba una mirada a mi hija y el motivo volvía a estar ahí. El amor es más fuerte que el cansancio.

Una frase se quedó grabada: "El ser humano es un animal de costumbres". Con el tiempo eso resultó cierto. El estrés se convirtió en rutina, la rutina en normalidad y, con ella, llegó la serenidad.

Diez años como padre soltero. Diez años llenos de amor, trabajo, risas, aprendizaje, preocupaciones y orgullo. Diez años que dejaron huella.

Hoy está claro: no fue fácil. Pero fue una de las etapas más valiosas de mi vida, y el recuerdo de ella es bueno. Y como todo en la vida, esa fase de padre soltero, tambien fue pasajera.

Cuando en 2020 conocí a mi actual esposa, Silvina, muchas cosas se hicieron más fáciles. Hasta que mi hijo se mudó en 2025, ella ayudó mucho. Fue como una madre, no porque tuviera que serlo, sino porque quiso. Le dio calor, apoyo y un sentimiento de hogar, y a mí me dio calma, respaldo y la sensación de no tener que cargar con todo yo solo.

Nunca olvidaré esta etapa. Porque aunque todo en la vida sea temporal, algunas personas y algunos momentos permanecen en el corazón.

Todo es temporal.

La muerte – parte II

Mucho tiempo después de la muerte de mi madre, también murió mi padre. Sucumbió a su enfermedad de cáncer.

Esta vez yo ya era adulto. Tenía una vida propia, preocupaciones propias, responsabilidades, una vida propia, y aun así, cuando llegó la noticia, se sintió como si el tiempo se hubiera detenido por un instante.

El impacto fue parecido al de entonces, el duelo familiar, y sin embargo era distinto. Estaba claro: morir forma parte de la vida. Cada persona tiene que irse algún día, por mucho que uno desee lo contrario.

En el capítulo sobre mi madre describí lo difícil que es para un niño comprender la muerte. En aquel entonces me faltaba la comprensión de que el dolor cambia y no permanece igual para siempre. Como adulto, eso ya lo sabía, tenía claro que también este dolor se transformaría, como todo lo demás en la vida.

Mis pensamientos volvieron a mi padre, a los años en los que nos crió solo: cuatro hijos, trabajo a turnos, casi sin tiempo libre, poco descanso y, aun así, siempre estuvo ahí, seguro si mismo.

Nunca se hablaba mucho de sentimientos. Él no lo hacía y nosotros, los niños, tampoco. Y aun así sabíamos cuánto nos quería. Era una roca en nuestras vidas. Su forma de actuar, su valentía al dejar España para darnos un futuro mejor, me marcó en muchas cosas, sobre todo en ser valiente.

Cuando murió, no hubo solo tristeza, también hubo gratitud. Gratitud por haberlo tenido, gratitud porque ya no tenía que sufrir más. Pasó su última etapa en el hospital, sin posibilidad de volver a salir.

Gratitud por su fortaleza, su paciencia y esa voluntad incansable. Había dado mucho, y su tiempo, como todo tiempo, era limitado.

Hoy pienso a menudo en él cuando tengo que tomar decisiones difíciles. Entonces me pregunto qué habría hecho él, y de algún modo está ahí: no visible, no audible, pero perceptible.

También esta despedida dolió. Recuerda que todo lo que amamos solo está con nosotros por un tiempo determinado. Eso no hace que la pérdida sea más fácil, pero sí más comprensible.

La añoranza sigue ahí y, aun así, el dolor se fue calmando con el tiempo. Dejó espacio para recuerdos que se han vuelto más luminosos.

Ahora mis hermanos y yo reímos cuando hablamos de nuestro padre, de sus historias, de cómo, como empleado de los ferrocarriles alemanes, ganó innumerables combates de boxeo, de su pasión por las motos, de su jardín, por mencionar solo algunas cosas.

El dolor por haber perdido a mi padre no ha desaparecido, pero se ha transformado. Antes era pesado y oscuro; hoy tiene otro tono, ya no oprime como entonces.

Y precisamente eso me vuelve a mostrar: todo es temporal.

El outing

Hace algunos años, mi hijo, que había nacido y sido criado como niña, se declaró abiertamente como persona transgénero.

La niña dulce de cabello largo, que siempre vestía de rosa, de pronto se cortó el pelo corto y empezó a vestir solo de negro. La época de las trenzas, los "hola, cariño" y los pequeños momentos de ternura terminaron de golpe. Yo estaba en shock, inseguro y, siendo sincero, no sabía cómo manejar la situación.

A eso se sumó algo más: en mi cabeza reinaba el caos. Preguntas sin fin, miedo a hacer algo mal y esa preocupación constante de si mi hijo tendría que sufrir porque el mundo ahí fuera no siempre es compresivo.

Pero muy pronto tuve claro algo: el amor permanece. Da igual cómo se vea, da igual qué nombre o qué rol elija. Desde ese momento estuve al lado de quien entonces era mi hija y hoy es mi hijo.

En ese tiempo volví a darme cuenta de que incluso fases de la vida tan profundas como esta no duran para siempre. También ellas son, como todo en la vida, temporales.

No fue una etapa fácil. Pasaron cuatro años hasta que mi hijo recibió el informe necesario para poder comenzar el tratamiento con testosterona. Durante ese tiempo vivió altibajos, y yo hice todo lo posible por estar a su lado. A veces fue difícil para él, pero también para mí.

Tuve que aprender a soltar. A entender de nuevo qué significa realmente la identidad, aceptar que el amor no tiene nada que ver con etiquetas.

Hoy tenemos una relación más estrecha que nunca. Hablamos abiertamente, reímos mucho y nos respetamos mutuamente.

Mi hijo es fuerte, honesto, y estoy inmensamente orgulloso de él. Me ha enseñado más sobre el valor que cualquier libro que haya leído jamás.

Cuando hoy miro atrás, veo que cada fase difícil, por dolorosa que haya sido, al final nos ha unido más. He comprendido que el amor verdadero significa aceptar al otro en toda su verdad, no solo cuando es fácil, sino precisamente cuando requiere valentía.

Y cada vez que lo miro, pienso: qué hermoso que hayas tenido el valor de convertirte en quien eres. Porque la vida es demasiado corta para ser otra persona.

Qué traerá el futuro en este camino no lo sé, pero estoy aquí, a su lado, porque todo es temporal.

El valor del instante

A menudo perseguimos cosas que están muy por delante de nosotros: metas, planes, expectativas. Y mientras tanto pasamos por alto lo que ocurre justo delante, el momento presente.

Muchas personas viven en el futuro o en el pasado. Piensan en lo que fue o en lo que quizá vendrá.

Pero la vida siempre sucede en el ahora, en este breve instante que apenas existe y que en el siguiente momento ya pertenece al pasado. Precisamente por eso es tan valioso.

A veces es un momento pequeño el que aporta más paz que todos los grandes planes. Un rayo de sol que entra por la ventana. El suave zumbido de la cafetera por la mañana. La risa de los niños cuando consigo hacerlos reír en mis cursos como instructor de artes marciales. Nada espectacular y, sin embargo, todo lo que importa.

Y en ese proceso me doy cuenta de cuánto ha cambiado mi mirada gracias a Silvina. A través de ella he aprendido a observar de nuevo con más atención, a admirar la luna, a mirar las nubes y cómo cambian de color, a no dejar pasar los atardeceres sin más. Incluso el jardín me lo muestra: según la estación del año se ve distinto, las plantas cambian, todo vive, todo se transforma, y de repente ese instante se convierte en algo que disfruto de manera más consciente.

Creo que el valor de un momento reside en que nunca vuelve. Incluso si mañana vuelve a brillar el sol, brillará de forma distinta que hoy. Lo notamos una y otra vez cuando mi esposa y yo pasamos conscientemente tiempo en el jardín por la mañana. Seremos mayores, quizá más felices, quizá más reflexivos, pero nunca exactamente los mismos.

Muchos persiguen la gran felicidad y no se dan cuenta de que vive en los pequeños instantes. La felicidad rara vez es ruidosa. A menudo se esconde en el silencio, en la respiración, en una breve pausa, en la consciencia de que este momento es un regalo; a veces tan simple como una mirada a los ojos color café de mi esposa, y de pronto todo está ahí, sin necesidad de nada más.

Cuando reconoces eso, dejas de esperar al "algún día". Entonces empiezas a vivir el ahora y, de repente, la vida se vuelve más sencilla. Necesitas menos para sentirte pleno.

Un instante de consciencia puede cambiar más que un año entero lleno de prisas. Porque quien reconoce el momento, comprende la vida misma.

El valor del instante reside en que es temporal.

La búsqueda del abanico

Mi esposa suele extraviar cosas con frecuencia. El mechero, el móvil, los anteojos de leer, las llaves de casa, todo aquello que se necesita a diario.

Entonces empieza todo. Recorre la casa nerviosa, abre cajones, mira en bolsos y a veces incluso en el frigorífico, y casi siempre me involucra de inmediato para ayudar en la búsqueda.

Como esto se ha repetido varias veces a lo largo de los años y al final todo vuelve a aparecer, hoy solo digo riendo: "Amor, solo se ha perdido de manera temporal. Como siempre, volverá a aparecer".

Una escena típica: después de que surgiera este capítulo sobre las cosas perdidas temporalmente, mi esposa lo leyó como muestra. Los dos nos reímos de lo bien que funciona esta frase de "todo es temporal" en nuestra vida cotidiana.

Esa misma noche salimos a cenar al restaurante del hotel. Estábamos de vacaciones en Alicante. La comida era excelente y el ambiente agradable y tranquilo. Después queríamos dar un paseo.

Justo antes de salir, ella dijo: "Por favor, tráeme mi abanico, amor. Siguen haciendo 28 grados y el aire está húmedo".

La pregunta salió sola: "¿Dónde está?"

La respuesta fue: "En la cama, sobre la cómoda, en mi bolso o en el bolso de la playa".

En mi cabeza solo se encendió una frase: uy, uy. Esto puede ponerse interesante.

Así que subí a la habitación a buscar. Cama, armarios, bolsos. Ningún abanico. Después de diez minutos salió un mensaje de WhatsApp: “El abanico se ha perdido de manera temporal”.

Cuando bajé, los dos nos echamos a reír.

Y a la mañana siguiente, casi increíble, el abanico estaba tranquilamente sobre la mesilla de noche. Como si nunca se hubiera ido.

A veces la vida es exactamente así. Las cosas desaparecen, la gente se altera, se busca desesperadamente, y al final todo vuelve a aparecer.

Y esa es la enseñanza de esta pequeña historia: incluso aquello que creemos perdido, la mayoría de las veces solo ha desaparecido por un tiempo.

Debo confesar que en el pasado yo no he sido mucho mejor. La única diferencia es que cuando digo: “Amor, ¿sabes dónde está mi…?”, después de haber buscado desesperado una herramienta o lo que sea, suele pasar solo un instante hasta que ella me la pone en la mano con una sonrisa.

Hasta ahora, todo lo que hemos perdido ha sido solo de manera temporal.

En la playa

Estábamos sentados en la playa de La Vila Joiosa, en la Costa Blanca, en España. El sol calentaba la piel, el mar sonaba de manera constante. Un momento perfecto para seguir escribiendo en el libro *Todo es temporal.*

Justo estaba tecleando unas líneas cuando mi esposa preguntó: "Amor, ¿estás trabajando en tu libro ahora mismo?"

"Sí", fue la respuesta breve.

Ella se rió y dijo: "Entonces deberías hacer también lo que escribes. Disfrutar el momento. Porque es temporal". Los dos nos reímos. Dejé el portátil a un lado, nos levantamos y saltamos juntos al mar.

El agua estaba fresca, el instante era ligero, lleno de alegría. Y de repente estaba ahí, muy claro, exactamente aquello sobre lo que escribo: la vida, el momento, el ahora.

A veces no hacen falta grandes palabras. A veces basta un pequeño recordatorio de que el aquí y el ahora es todo lo que realmente tenemos. Este instante, la risa, el sol, el agua, todo eso es único y nunca vuelve exactamente igual.

Y ese es precisamente el núcleo de este libro: escribir sobre la vida es bonito, pero vivir la vida es más importante. Porque la vida es como el mar. Se mueve, cambia, nunca se queda quieta. Y cada salto en él, cada respiración, cada ola es una prueba de ello:

Todo es temporal.

¿El tráfico molesto?

Desde mi juventud, conducir motocicleta ha sido parte de mi vida, aunque solo con buen tiempo. Entre los moteros soy más bien de los prudentes, porque solo salgo cuando acompaña el sol. Quien conduce sabe bien esa sensación: libertad, velocidad, el viento en la piel y, al mismo tiempo, la atención constante que se necesita.

Pero hubo épocas en las que había mucha rabia, sobre todo hacia los conductores de coches. "¿No me ve?" o "¡No va a salir ahora mismo!" eran frases que más de una vez se gritaron dentro del casco.

En aquel entonces era difícil entender cómo algunas personas podían conducir de forma tan imprudente. Uno hacía todo lo posible: ser visible, conducir de manera defensiva, hacerlo todo bien, y aun así se daban esas situaciones en las que como motero casi te pasan por alto. Entonces empezaban el enfado, los gestos, los insultos, y a veces esa sensación se quedaba durante días.

Solo más tarde, cuando yo mismo empecé a moverme más a menudo en coche, ocurrió algo decisivo: los mismos errores me pasaban también a mí. No por mala intención, sino simplemente porque desde el coche realmente se pasan por alto algunas cosas.

Una moto es más pequeña, más ágil, a menudo más rápida de lo que el ojo espera, y de pronto yo era aquel sobre el que antes me habría enfadado. Ese fue un punto de inflexión, porque quedó claro: la rabia no cambia nada. Solo consume energía, energía que se puede usar mejor para otra cosa.

Con el tiempo llegó más serenidad, y eso fue un alivio.

Hoy les digo a mis hijos, que también conducen moto: "Como motero tienes que mirar por dos, por ti y por el conductor del coche. Conduce como si fueras a ser pasado por alto". Esa frase nos acompaña hasta hoy.

Por supuesto, todavía hay momentos que molestan: personas que se pegan demasiado, que tocan el claxon, que se cruzan o que usan el teléfono mientras conducen. Pero mantener la calma sirve más, porque ¿qué cambiaría enfadarse? El otro muchas veces ni siquiera lo nota, y al final solo se hace daño uno mismo.

Antes habia gestos, quizá incluso provocación. Hoy basta una respiración profunda y el pensamiento: esto también es solo un momento.

Y esa es la verdad. Un instante breve, una fracción diminuta, comparada con todas las horas, días y años que tiene la vida. ¿Para qué gastar energía, si enseguida ya habrá pasado?

La serenidad es una forma de fortaleza. Mantener la calma cuando otros se exaltan. Sonreír donde otros maldicen. Quien puede hacerlo ha entendido lo que realmente importa.

El enfado en la carretera se va, como todo lo demás. Y cuanto más a menudo uno lo recuerda, menos molesta nada.

Porque también en el tráfico se cumple: todo es temporal.

El cambio

El cambio es, en mi opinión, lo único en la vida que realmente permanece.

Todo a nuestro alrededor se transforma: las personas, los lugares, los sentimientos, los pensamientos. Incluso aquello que parece inamovible no se queda como estaba. Y aunque en el fondo todos lo saben, a muchos les da miedo. Se aferran a costumbres, a relaciones, a cosas, a rutinas que dan seguridad. Pero la vida no es una imagen fija, fluye.

Con los años me quedó claro: el cambio no es algo a lo que haya que temer. Es como una ola, quien intenta detenerla es arrollado; quien aprende a nadar con ella es llevado.

A veces el cambio llega de manera silenciosa, como un pensamiento, una pequeña decisión, un encuentro que mueve algo. Y otras veces golpea con toda su fuerza, a través de la pérdida, una separación, una enfermedad o la muerte de un ser querido. Sea cual sea la forma en que aparece, casi siempre ocurre lo mismo: nos obliga a mirar, y precisamente ahí reside su fuerza.

Hubo muchos momentos en los que surgió la pregunta: ¿por qué justo ahora? El sentido a menudo se mostró solo más tarde. Y más de una cosa que se sentía como un retroceso era, en realidad, un nuevo comienzo. Algo antiguo tenía que terminar para que pudiera surgir algo nuevo.

El cambio no siempre es agradable, pero es necesario. Sin cambio no habría crecimiento. Nos quedaríamos estancados, por comodidad o por miedo. Pero la vida quiere movimiento, quiere desarrollo.

Tal vez el secreto esté en no luchar contra el cambio, sino en comprenderlo. No es un enemigo, es un maestro. Y como todo maestro, muestra cosas que no siempre queremos ver. Cuando eso se asienta en la mente, el cambio pierde su amenaza. Entonces se convierte en lo que realmente es: una parte natural de la vida.

Hoy afronto las transformaciones con más serenidad. Llegan de una forma u otra, estemos preparados o no. Y es igual de claro: cada fase, cada ruptura, cada movimiento es pasajero.

Nada permanece igual para siempre, y eso está bien. Porque vivir significa cambiar, y cambiar significa:

Todo es temporal.

Salud – el bien más valioso

Salud. ¿Qué podría ser más importante?

Cuando uno mira atrás, se vuelve evidente todo lo que se pierde cuando el cuerpo deja de responder: dolor, menor movilidad, dependencia de otros, miedo y, a veces, también preocupaciones económicas. Precisamente por eso este tema tiene aquí un capítulo propio. Porque el trabajo, las posesiones o el reconocimiento se vuelven pequeños cuando falta la salud.

Por qué la salud es tan frágil. En la vida cotidiana se acumulan muchas cargas. Muy poco movimiento, mal descanso alimentación poco saludable, estrés constante. A eso se suman el entorno, la predisposición genética y, a veces, simplemente la mala suerte.

Y a menudo uno se da cuenta demasiado tarde. Muchos problemas surgen de forma silenciosa y crecen durante años, hasta que en algún momento el cuerpo dice: ya basta.

Lo que afecta a muchas personas en Alemania.

Cuando se observan las estadísticas, aparecen una y otra vez temas similares. Por ejemplo, dolores de espalda, hipertensión y trastornos del metabolismo de las grasas, como niveles elevados de colesterol. Lo engañoso es que muchas de estas cosas al principio no duelen de verdad, uno se acostumbra a ellas y así pasan desapercibidas.

La salud no es una posesión que se tiene una vez y ya está. Es más bien como una cuenta bancaria. Puede variar de forma constante, hasta que un día ya no queda nada.

Fumar y por qué no es un juego.

Fumar es uno de los mayores riesgos para la salud. En el humo hay muchas sustancias tóxicas y cancerígenas. Por ejemplo, benceno, formaldehído, monóxido de carbono y amoníaco. También se mencionan sustancias como el arsénico o el cadmio. No se trata de "pequeñas cosas inofensivas". Estas sustancias dañan las vías respiratorias, el sistema cardiovascular y las células, y aumentan, entre otras cosas, el riesgo de cáncer.

Mi experiencia personal.

En mi escuela de artes marciales he visto una y otra vez lo mismo a lo largo de los años: quien piensa "ya pasará", a menudo se da cuenta demasiado tarde de que el cuerpo sufre en silencio durante mucho tiempo antes de hacerse oír.

En mi caso fue así: a los quince años empecé a fumar. En el grupo de amigos eso era "guay" en aquel entonces. No tenía ni idea de lo que uno se estaba haciendo realmente.
A los veintidós, alguien me hizo una pregunta sencilla: "¿Por qué fumas en realidad?" No había una respuesta inteligente.

Así que tomé la cajetilla, la tiré a la basura con los cigarrillos que quedaban y no volví a fumar nunca más. Y sí: fue una pequeña decisión con un gran efecto. Hasta hoy me recuerda que también los malos hábitos son temporales, si uno está dispuesto a ponerles fin.

Como este tema es importante para mí, también quiero recomendar un libro que en nuestra casa realmente marcó la diferencia: "MI REGALO PARA AYUDARTE A DEJAR DE FUMAR", de Peter Kruse.

Este escrito con un estilo motivadora y fácil de entender. Mi esposa Silvina dejó de fumar con él.

Lo que puedes hacer hoy. Sin presión, sin perfección. Simplemente mirar con honestidad:

- ¿Cómo estás con el movimiento?

- ¿Cómo duermes?

- ¿Con qué frecuencia el estrés se ha vuelto “normal”?

- Si fumas o has fumado: ¿qué podría quitarte a largo plazo?

Y lo más importante: agradece a tu cuerpo. Trátalo bien. La salud no es algo garantizado. Es un gran regalo.

Y como todo en la vida: temporal.

El (mi) sentido de la vida

¿Cuál es el sentido de la vida, si todos permanecemos solo por un tiempo tan breve en este hermoso planeta? Muchos buscan una respuesta durante toda su vida.

Con el tiempo me quedó claro: el sentido no está en algún lugar fuera, nace allí donde se hace algo bueno.

Para mí eso significa aportar un pequeño granito de arena, ayudar a las personas a hacerse más fuertes, no solo físicamente, sino también por dentro. Como entrenador lo veo cada día: cuando alguien sale del entrenamiento un poco más erguido, cuando la mirada se vuelve más clara, cuando los hombros se elevan porque la confianza en uno mismo crece. Entonces aparece esa sensación: esto es correcto. Esto tiene sentido.

Las artes marciales son para mí más que técnica, disciplina y movimiento. Son un esrtilo de vida. Enseñan valentía, respeto, paciencia y atención, hacia los demás y hacia uno mismo. Se aprende a caer y a levantarse. Se aprende a afirmarse sin volverse arrogante. Y se comprende que la verdadera fortaleza no está en luchar, sino en entender.

Así que cuando surge la pregunta de cuál es el sentido de mi vida, la respuesta es sencilla: ayudar a las personas a descubrir su autoestima, mostrarles que dentro de ellas hay más de lo que creen. Y si al final alguien camina por la vida solo un poco más erguido, con una mirada más tranquila y más calma interior, entonces mi parte está cumplida.

Pero el sentido no consiste solo en estar para los demás. También consiste en aprovechar el momento, en disfrutarlo, en vivirlo, porque en algún momento quedó realmente claro: todo es temporal.

Por eso en mi vida hay menos tiempo para preocuparse por cosas que quizá nunca ocurran y menos energía para cosas que no se pueden cambiar. No porque no importen, sino porque no hacen bien y porque no ayudan ni a mí ni a nadie más.

El tiempo debe fluir hacia donde relmente tiene significado: hacia la familia, los amigos, las personas que son importantes, porque el tiempo con ellas es valioso.

A eso se suma algo por lo que estoy agradecido: con mi afición puedo ganarme la vida, lo suficiente para tener una casa, un coche, vacaciones y una buena vida. La riqueza nunca fue el objetivo, porque nadie se lleva nada de eso. Nos vamos como llegamos: con las manos vacías.

Entonces, ¿para qué desperdiciar un tiempo de vida valioso solo para acumular innecesariamente dinero o bienes materiales? Para mí cuenta más lo que se vive, lo que se da y con quién se comparte ese tiempo.

Quizá ese sea precisamente el sentido, no pretender cambiar lo inalcanzable, sino trabajar en frecuencias diarias, con corazón, humildad, amor y conciencia.

Porque lo que damos permanece por un momento. Y ese momento cuenta. También es temporal.

Lo que queda cuando todo pasa

Con el paso del tiempo. Las cosas se ven más claras: Todo es una cuestión de perspectiva. Aquello que hoy molesta, hiere o pone nervioso, dentro de unas semanas, meses o años, apenas tiene peso, pasa a un segundo plano, y quizá precisamente ahí sentimos un gran alivio.

Una y otra vez se nota lo diferente que reaccionan las personas ante una misma situación. Lo que a uno lo saca completamente de quicio, otro lo acepta con un encogimiento de hombros. A menudo no depende de lo que ocurre, sino de cómo se interpreta. Cada persona lleva en su interior su propio mundo.

Muchos creen que la felicidad está en algún lugar fuera, en las cosas, en los logros o en el reconocimiento. Pero rara vez se siente así de verdad. La felicidad surge más bien en momentos de claridad, en instantes en los que uno deja de buscar por un momento. No es un estado permanente. Son segundos breves y honestos, en los que simplemente se es.

Y la vida no espera a que estemos preparados. Sucede, sin más. Y quien intenta controlarlo todo acaba cansándose. Claro que deseamos seguridad, estabilidad, previsibilidad, pero la vida es movimiento, y el movimiento significa cambio.

A veces parece que todo tiene que entenderse. Pero no todo necesita ser explicado. Algunas cosas pueden simplemente vivirse: estar triste, dudar, guardar silencio. Eso forma parte de la vida tanto como la alegría o el éxito.

Quizá la sabiduría no sea otra cosa que hacer las paces con aquello que no se puede cambiar. Y con el tiempo también queda claro: incluso las fases difíciles tienen su lugar. Nos hacen más suaves, más tranquilos, a veces incluso más agradecidos. El deseo de tenerlo todo bajo control se vuelve más pequeño. En su lugar, cobra más importancia vivir de manera consciente, valorar los momentos sin imponerle de inmediato un significado. Porque cada pensamiento, cada sentimiento, cada persona que encontramos es solo por un tiempo parte de nuestro camino.

Precisamente eso es lo que lo hace tan hermoso. Y a veces tan doloroso. Pero así es la vida.

Y vivir significa soltar, y seguir adelante.

Porque todo lo que queda es el recuerdo de que todo es temporal.

Despedida

"Querida comunidad de duelo,

hoy nos hemos reunido aquí para despedirnos de nuestro amigo...

Entre nosotros están su familia, su esposa... y su hija..., además de antiguos compañeros de profesión del ámbito de la medicina, amigos y los miembros de su grupo de Wing Chun.

Ahora hablo en nombre de grupo de Wing Chun.

En el año 2001, querido..., comenzaste a entrenar Wing Chun con nosotros. Desde entonces han pasado alrededor de veinticinco años. Años en los que no solo amaste este arte marcial, sino que lo viviste.

En Filipinas te preparaste incluso una sala de entrenamiento propia, con muñeco, material de entrenamiento y todos tus certificados.

Me habías pedido que te construyera un muñeco de Wing Chun. Querías colocarlo en vuestro segundo apartamento en Berlín. Acepté hacerlo, pero siempre surgía "algo": aquí una reforma, allí una preparación para un examen, y yo pensaba: "Todavía tengo tiempo para construir el muñeco". Al final, el tiempo no fue suficiente.

Puse prioridades equivocadas y no cumplí tu deseo. Perdí esa oportunidad, y precisamente en eso se muestra que todo en la vida es temporal.

Hoy lo lamento profundamente.

Me acompañaste a seminarios por toda Europa: en Francia, Portugal, Inglaterra y muchos otros lugares. Tu entusiasmo siempre fue grande y, durante todos esos años, nunca interrumpiste el entrenamiento.

También lograste entusiasmar a tu hija... por el Wing Chun. No solo heredó tu pasión, sino que también mostró un talento extraordinario.
Entrenar con ella siempre fue algo muy especial para mí. Sería un gran honor continuar su formación y profundizar con ella el camino de Wing Chun que tú iniciaste. Solo a tu querida esposa... nunca lograste convencerla, aunque a menudo hablamos de ello juntos con una sonrisa.

... no solo fue mi alumno y compañero de entrenamiento, sino también mi dentista. Recuerdo un tratamiento de conducto en su consulta. Cuando notó que algo me dolía, preguntó: "¿Te duele, Mario?" Y yo respondí con una sonrisa: "Sí, duele, pero no te preocupes, te lo devolveré en el próximo entrenamiento".

Ese recuerdo muestra también el lado humorístico de nuestra amistad, un lado que a todos nos hacía bien.

Los seres humanos a menudo creemos que tenemos todo el tiempo del mundo. Pero no es así. Todo es temporal.

Durante nuestros veinticinco años juntos nunca pensé que algún día podría terminar. Aún en julio de este año 2025 nos reunimos en un parque de la ciudad de Duisburg-Rheinhausen para entrenar juntos, llenos de esperanza de volver a vernos con más regularidad en el futuro.

Ahora ha sido distinto. Lo que nos queda son nuestros recuerdos y la lección: "Todo es temporal". Nunca sabemos cuándo será "la última vez".

Por eso, quienes aún podemos permanecer un tiempo más en este pequeño planeta, seamos agradecidos. Agradecidos por el tiempo que se nos ha regalado. Vivamos ese tiempo de la forma más plena y feliz posible.

... y yo te otorgamos, en reconocimiento a tu labor como instructor y como parte de nuestro Wing Chun Pai, de nuestra familia Wing Chun, el certificado y el cinturón de Black Belt de la Close Range Combat Academy. ..., tu camino en el Wing Chun continúa en nosotros, en cada entrenamiento, en cada técnica, en cada recuerdo. Tu pasión vive en nosotros y nunca terminará. Te queremos."

Esa fue mi despedida...

"Todo es temporal" a menudo me pone triste. Las despedidas forman parte de la vida, aunque preferiríamos evitarlas. A veces llegan en silencio, a veces con toda su fuerza, pero siempre llegan. Ya sea la pérdida de una persona, la partida de un amigo, el final de un amor o simplemente dejar un lugar familiar, cada despedida deja huellas.

En mi vida he vivido muchas despedidas. Algunas fueron definitivas, otras solo temporales. Pero, independientemente de la forma en que llegaron, siempre me cambiaron. Al principio casi siempre hay dolor, esa sensación de vacío y pérdida, y uno cree que ese vacío nunca desaparecerá.

Pero desaparece, poco a poco, paso a paso. He aprendido que soltar no significa olvidar. Significa aceptar que algo ha terminado, y precisamente ahí reside la paz.

A menudo tenemos miedo a las despedidas porque creemos que lo que viene después tiene que ser peor. Pero la vida me ha enseñado lo contrario. Cada final también contiene un comienzo. Solo que no se ve de inmediato, porque la mirada aún está fija en lo que quedó atrás.

Recuerdo muchos momentos en los que pensé: "Esto fue todo. Ahora todo es diferente". Y sí, era diferente. Pero diferente no siempre es malo. Diferente es simplemente nuevo. Y lo nuevo es lo que nos hace crecer.

A veces tenemos que dejar ir a las personas, no porque ya no las amemos, sino porque su tiempo en nuestra vida ha terminado. Entender eso no fue fácil. Pero cuando se comprende, la despedida pierde parte de su temor.

Hoy veo la despedida de otra manera. Sé que todo lo que fue realmente importante para mí conserva un lugar dentro de mí: en recuerdos, en pensamientos, en aquello que he aprendido de ello. También sé que algún día yo mismo seré parte de una despedida, y eso está bien.

Porque despedida no significa solo final, sino cambio. Es una transición, un recordatorio silencioso de que todo lo que amamos solo nos ha sido prestado. Y cuando se acepta eso, el dolor se vuelve más suave y la gratitud más fuerte. Porque incluso la despedida más profunda no es para siempre; solo cambia su tono, como todo en la vida. **Todo es temporal."**

El "Muro"

Mientras escribía este libro, pensaba a menudo en cómo podría ser la portada. No se me ocurría ninguna idea adecuada. Así que le pedí ayuda a mi hijo menor, que justo estaba comenzando sus estudios de arte. Como "todo es temporal", propuso tomar como base un muro, un muro que se va desmoronando poco a poco. Me entusiasmó de inmediato, porque esa idea encajaba perfectamente con el sentido del libro.

Cuando vi los primeros bocetos, inevitablemente pensé en el Muro de Berlín. Y así nació la idea de este capítulo.

Cuando en 1989 cayó el Muro de Berlín, para mí aquello estaba muy lejos, casi como un acontecimiento en otro país, y eso que solo había unos 300 kilómetros hasta la frontera entre Alemania occidental y oriental. Pero de joven no me interesaba la política. Era como era, y pensaba que de todos modos no se podía cambiar nada.

Pero entonces llegó 1989. En las noticias se veía a la gente salir a las calles en Leipzig, Dresde y Berlín. Gritaban "Somos el pueblo" y exigían libertad. En aquel momento no entendía del todo lo que estaba ocurriendo, pero sentía que algo estaba cambiando. Y luego, el 9 de noviembre, cayó el muro. Como muchos otros, estaba sentado frente al televisor y no podía creerlo. La gente bailaba, lloraba, se abrazaba. Todo un pueblo era libre de repente.

En 1991 estuve por primera vez en el este de Alemania. Fue a la vez un choque y una experiencia maravillosa. Las calles, las casas y las tiendas parecían viejas, muchas cosas estaban deterioradas. Pero la gente era cálida, amable y servicial. Se sentía una cohesión que yo no conocía. Todos ayudaban a todos.

Que años más tarde me llamarían cariñosamente "Wossi", una mezcla de "Wessi" y "Ossi", nunca lo habría imaginado entonces. Más adelante pasé mucho tiempo en el este, a veces incluso más que en el oeste. Algunos de mis amigos tenían allí familiares a los que visitaban de vez en cuando. Para nosotros estaba claro: eso sería así para siempre.

Los alquileres estaban entre 20 y 60 marcos alemanes, los salarios entre 300 y 500 marcos. Para mí era inimaginable, casi como otro mundo.

Recuerdo largas colas delante del Konsum, la tienda de comestibles. Muy temprano por la mañana la gente ya estaba fuera cuando se decía: "Mañana habrá plátanos". Y aun así irradiaban una satisfacción y una calidez que me impresionaron profundamente. Con los años surgieron amistades, en Mecklemburgo-Pomerania Occidental, en Brandeburgo, donde conocí a mi segunda esposa, y en Turingia, donde vive mi mejor amigo con su familia.

Cuando hoy viajo a Bad Salzungen, a menudo pienso: "Guau". Todo está cuidado, moderno y bonito. Calles, tiendas, casas, todo parece nuevo y limpio. En cambio, cuando recorro Renania del Norte-Westfalia, lamentablemente no puedo decir lo mismo. El este ha alcanzado al resto e incluso lo ha superado en muchas aspectos.

Mi segunda esposa, nacida en Brandeburgo, creció en pleno sistema de la antigua RDA. A través de ella obtuve una visión de la vida en la Alemania Oriental. Me contaba: "Todo el mundo tenía trabajo. Estábamos en la FDJ, la Juventud Libre Alemana. Nos ayudábamos unos a otros". Sonaba a comunidad, a cohesión. Pero bajo la superficie también había miedo y control.

En voz baja se hablaba de la Stasi, la policía secreta del Estado, una organización que vigilaba a todos y a todo. "Quien hablaba mal del sistema, mencionaba algo sobre la prohibición de salir de la Alemania Oriental, tenía problemas. o decía que no se podía viajar tenía problemas", me explicó.

Muchos decían simplemente: "Es lo que hay. No podemos cambiarlo". Pero sí se pudo cambiar. Entre 1961 y 1989 todo parecía inamovible, y sin embargo solo fue temporal. Todo era temporal.

El tema de los coches también era especial. Quien quería comprar un Trabant, llamado cariñosamente "Trabi", tenía que esperar hasta 18 años. Apenas había piezas de repuesto. La gente tenía que ingeniárselas, improvisar, reparar, buscar soluciones. Aprendieron a ayudarse a sí mismos. Esa creatividad y esa voluntad de sacar lo mejor de muy poco eran impresionantes.

Cuando hoy pienso en todo ello, veo una época llena de contrastes: escasez y solidaridad, control y valentía, pérdida y nuevo comienzo. La caída del muro demostró que incluso los sistemas que parecen eternos pueden desaparecer. Los muros caen. Las fronteras se disuelven. Todo cambia.

La libertad no significa solo no tener muros alrededor, sino tampoco muros en la mente. Todos llevamos a veces límites dentro de nosotros: viejas creencias, miedos, hábitos. Pero si estamos dispuestos a soltarlos, reconocemos que el cambio siempre es posible. Nada permanece para siempre. Todo se transforma.

Todo es temporal.

Clavo y hacha

A principios de los años setenta. Mi hermano pequeño y yo tendríamos quizá seis y siete años. Nos encantaba jugar descalzos en el patio. Quien lea el título de este capítulo ya se imaginará: no siempre fue una buena idea.

Junto a nuestra casa se estaba construyendo entonces un bloque de pisos. Para nosotros no era una obra, en construction, sino un parque de aventuras. Cuando los obreros no estaban los fines de semana, jugábamos ahí. Había piedras, tablones, listones de madera, clavos, manchas de alquitrán y, sobre todo, muchísima "matsche", barro espeso.

Con arcilla y agua hacíamos nuestro propio "hormigón". Lo llamábamos simplemente barro. Con él pegábamos piedras, construíamos pequeñas torres y levantábamos diminutos muros. Nunca duraban mucho, pero era divertidísimo crear algo con nuestras propias manos, y de paso fomentábamos la creatividad, aunque entonces no hubiera ningún pedagogo al lado poniéndole nombre.

Caminar descalzo por una obra en constrution a veces termina mal. Al principio no noté nada. De repente mi hermano me miró raro y dijo: —Mario, llevas un trozo de madera pegado al pie.

Miré hacia abajo. De mi pie colgaba un tablón de unos cincuenta centímetros. Hoy sé que probablemente era un listón del tejado. No tenía ni idea de por qué estaba colgando de mí. Ni se me pasó por la cabeza que un largo clavo había atravesado la madera y se había clavado profundamente en mi talón. Así que al caminar iba arrastrando el tablón detrás de mí.

Al principio nos reímos. La escena era realmente cómica, como si llevara un zapato gigantesco. Quizá incluso pensé que el tablón se había quedado pegado por el barro o por el alquitrán negro que había por todas partes.

Para liberarme, apoyé el pie sano sobre el listón e intenté levantar el otro. No funcionó. Mi hermano dijo: —Levanta el pie, voy a mirar.

Levanté el pie. Lo miró con toda tranquilidad y dijo, como si fuera lo más normal del mundo: —Tienes un clavo en el pie.

En ese momento vi el clavo. Y solo entonces empezó el griterío. Lo curioso es que hasta ese instante no había dolor. Llegó después, cuando cojeando volví a casa.

Mi padre era un hombre fuerte y sano. Las cosas se solucionaban como se había aprendido. Sin médico, sin ambulancia, sin drama. Miró el pie y dijo simplemente: —Túmbate en la mesa de la cocina, boca arriba, el pie en alto. Así eran las cosas entonces.

Se fue un momento y volvió con dos botellas. En una había vinagre, la otra era una botella de vidrio vacía. No tenía ni idea qué tenía que ver eso con mi pie, pero enseguida se aclaró.

Colocó el pie de modo que se viera bien la planta y echó vinagre sobre la herida. En ese instante el dolor recuperó todo lo que se había perdido antes. Ardía como fuego.

Luego vino la botella vacía. Con la mano izquierda sujetó mi tobillo y con la derecha golpeó varias veces el talón con el borde del fondo de la botella.

El único pensamiento fue: esta es la penitencia por la tontería que he hecho. Lloré desconsoladamente. Él solo dijo: —No llores. Los golpes son para sacar la suciedad de la herida. Has pisado un clavo oxidado.

No quitó el dolor, pero tranquilizó. Si papá decía que tenía que ser así, entonces debía ser así. Al final puso una tirita o algo parecido. Y luego volvimos a salir a jugar. Sin médico. Sin hospital. Sin cartilla de vacunación en la mano. A los médicos apenas los veíamos de niños, como mucho para alguna vacuna. Era normal.

Y ahora viene la historia del hacha. No te preocupes, no será tan grave. Al menos no para mí. Esta vez le tocó a mi hermano pequeño.

Con seis años le encantaba destrozar cosas y machacarlas. Mi padre trabajaba a menudo con martillo, hacha, palanca y sierra. Para mi hermano aquello era el paraíso.

A menudo podía elegir con qué quería "trabajar". Entonces se sentaba descalzo sobre su pequeño trasero regordete y golpeaba felizmente cualquier cosa. Hoy quizá se llamaría canalizar la agresividad. Entonces era simplemente así: niño, herramienta y algo contra lo que golpear, y había tranquilidad en el patio.

En el patio mi padre tenía un cobertizo con conejos, patos y gallinas. Encima había una especie de desván abierto. Un día mi hermano subió allí con el hacha. El plan: partir piedrecitas. Se sentó, tomó el hacha con las manos, la levantó por encima de la cabeza e intentó golpear la piedra con el filo. Naturalmente falló varias veces. De lejos.

En algún momento cambió de estrategia. Qué pasaba por su cabeza no lo sé. Probablemente algo como: con el lado fino no acierto, pues con el lado ancho. Ya entonces orientado a solucionar problemas. Solo olvidó un detalle: al girar el hacha, al levantarla ahora el filo quedaba sobre su propia cabeza.

Y siguió golpeando. Desde el patio no se veía nada. Pero se oía su risa. Risa infantil y feliz. En su percepción, la nueva estrategia funcionaba.

La piedra era, por supuesto, demasiado dura. Un niño de seis años no parte una piedra con un hacha. Pero tenía una tarea, y eso bastaba.

Seguramente el siguiente pensamiento fue: acierto, pero no con suficiente fuerza. Así que más impulso, movimiento más rápido. Brazos cansados. Herramienta pesada. Y en algún momento ocurrió.

El hacha se le escapó, o se la golpeó él mismo contra la cabeza. Nunca lo sabremos exactamente. Abajo, en el patio, de repente se hizo el silencio, ni golpes, ni risas, solo silencio. Eso me resultó extraño. (apropiado, porque somos españoles.) Así que le llamé, no hubo respuesta, pero todavía no estaba realmente preocupado, más bien curioso, y como niño de siete años subí la escalera de madera.

Allí estaba el sentado. Sangre en las manos, la cara y la frente. ¿Y qué hacía?, jugaba con ella. Manoseaba la sangre como si fuera simplemente otra forma de barro.

Yo estaba asustado, el no. Quizá fuera el shock, quizá la ignorancia infantil. Cuando le hablé, me sonrió. Hoy, sinceramente, eso me inquietaría. Un niño cubierto de sangre que sonríe. Para él solo era algo resbaladizo.

La sangre salía lentamente de una herida en la frente. No a borbotones, pero constante. ¿Y qué grité yo, de lo más natural?
—¡Papá, necesitamos vinagre y la botella vacía!

Mi hermano había visto en directo lo del clavo en el pie. Al oír eso, empezó a gritar inmediatamente. Probablemente en su cabeza se montó una pequeña película de terror: vinagre en la herida y luego papá con la botella golpeándole la cabeza para "sacar la suciedad".

Pobrecillo.

El resto fue rutina, limpiar, el vinagre es bueno. Tirita, y de nuevo a jugar.

Quizá te estés preguntando qué tienen que ver estas locas historias de infancia con el tema de este libro, pues Muchísimo.

Entonces era normal no ir al médico por un clavo oxidado en el pie o una brecha en la cabeza. Sin ambulancia, sin teléfono, ni siquiera un fijo con cable, mucho menos un móvil.

El "tratamiento" era vinagre, una botella de vidrio, una tirita y la frase:
—Vuelve a jugar.

Hoy la mayoría de los padres seguramente llamaríamos a una ambulancia o irían directamente a urgencias. Tétanos, infección, cicatriz, radiografía, quizá incluso servicios sociales rondando por la cabeza.

Ambas son formas de ver las cosas, diferentes tiempos, el antes y el ahora. Y ahí está el punto. También la manera en que tratamos las enfermedades, los accidentes y a los niños es temporal. Cambia constantemente. Por suerte.

Antes muchas cosas eran más duras, pero también más simples. Hoy muchas cosas son más seguras, pero a menudo también más temerosas. La medicina ha cambiado y mejorado radicalmente. Y ojalá siga siendo así.

Lo que ayer era normal hoy a veces parece brutal o irresponsable. Y lo que hoy se considera el único camino correcto quizá dentro de unas décadas resulte igual de anticuado.

Lo mismo ocurre con los estilos de crianza, con los miedos, con la confianza en la tecnología y los sistemas, y con la manera de afrontar el dolor. Todo está en movimiento.

Cuando hoy pienso en el clavo en el talón y en la historia del hacha, sonrío. No porque fuera inofensivo, sino porque muestra el cambio en cuánto los tiempos.

En aquel entonces, el vinagre era el remedio para todo. Hoy se busca en Google por cada rasguño. Antes mi padre era urgencias. Hoy probablemente intervendrían varios especialistas, aparatos y formularios. Ambas cosas cuentan algo sobre las diferentes épocas en la que vivimos.

Y por eso aquí también encaja este pensamiento:

Todo es temporal. Los métodos. Las herramientas. Los miedos. La seguridad. Y también nosotros mismos.

Lo que queda son las historias que hacemos de ello. Y a veces unas pequeñas cicatrices de las que, años después, se dice sonriendo:
—¿Te acuerdas…?

Atasco en la A44

Atasco en la A44, dirección de Kassel a Dortmund. Delante de mí y detrás de mí: coches, camiones, luces. Todo está parado, nada se mueve.

El motor está apagado, las luces también. La gente se baja de los coches, camina por la autopista, llama por teléfono, teclea nerviosa en sus móviles.

Al cabo de un rato llega el aviso por la radio: «La autopista A44 entre Erwitte y Soest está cortada debido a un accidente».

Unos diez minutos después pasan por el carril central ambulancias, bomberos, grúas y el ADAC. Las sirenas suenan, las luces azules parpadean. El ambiente está tranquilo, pero de algún modo tenso.

Es uno de esos momentos en los que muchos piensan: ¡Qué desastre, justo ahora! Y sí, conozco bien ese pensamiento. Antes probablemente habría reaccionado así: inquietarme, golpear el volante, mirar el reloj, enfadarme.

Hoy me mantengo tranquilo. Mientras nacen estas líneas, estoy sentado en medio de la A44 y estoy relajado. ¿Por qué? Porque está claro: todo es temporal. También este atasco.

Enfadarse no sirve de nada. No se puede cambiar la situación. Ningún claxon, ningún insulto, ningún enfado hará desaparecer los coches que tengo delante. Pero hay algo que siempre permanece: la decisión de cómo afrontarlo.

Así que aprovecho el tiempo. Este capítulo nace aquí mismo, en medio de la autopista. Y mientras fuera todo está detenido, los pensamientos siguen fluyendo. Serenidad. Paciencia. La diferencia entre movimiento y quietud.

A mi alrededor muchos parecen estresados. Algunos van de un lado a otro, otros llaman por teléfono, otros simplemente niegan con la cabeza. ¿Para qué? Todos estamos en el mismo atasco. Todos llegaremos más tarde. Y nadie puede cambiarlo ahora mismo.

Quizá la vida a veces sea exactamente así. Uno se queda parado aunque quiera seguir avanzando. Da la sensación de que el tiempo se pierde. Pero en realidad es solo una pausa. Una oportunidad para respirar hondo un momento.

Y si somos sinceros: estar en un atasco no es lo peor que puede pasar. Basta con pensar en quienes estuvieron implicados en el accidente. Entonces queda claro rápidamente: a veces, el pararse es incluso una suerte.

Quizá un atasco sea incluso un pequeño regalo. No planeado, pero ahí está. Una oportunidad para calmarse, pensar, sentir, simplemente estar.

La próxima vez que te encuentres en un atasco, querido lector, prueba a hacerlo de otra manera. Respira hondo. Relájate. Escucha música o disfruta del silencio. Saca lo mejor del tiempo que de todas formas tienes. Y alégrate de no ser tú el motivo de ese atasco.

Un atasco, por largo que sea, es solo temporal.

Un grano de arena en la Vía Láctea

A veces ayuda hacerse a uno mismo un poco más pequeño. No en el sentido de "no valgo nada", sino en el sentido de: no soy el centro del universo. Y eso está bien.

La idea de este capítulo no surgió en una oficina elegante, sino de forma muy sencilla, en nuestra obra. Estaba junto a la hormigonera mezclando grava, cemento y agua para construir el garaje con mi hermano y nuestro amigo Matthes. Delante de mí había un gran montón de grava de hormigón de 0 a 32 mm, miles de pequeñas piedras. Todas diferentes y, sin embargo, de alguna manera iguales.

En ese momento apareció el pensamiento: si cada una de esas pequeñas piedras fuera una estrella o un planeta, qué pequeña sería entonces nuestra Tierra. Y qué pequeños seríamos nosotros, los seres humanos.

Hagamos entonces un experimento mental.

En nuestra Vía Láctea hay, según las estimaciones actuales, aproximadamente unos 100 mil millones de estrellas y al menos la misma cantidad de planetas. Para simplificar, tomemos unos 200 mil millones de cuerpos celestes.

Ahora digamos: una piedrita guijarro representa una estrella o un planeta. Entonces necesitaríamos 200 mil millones de piedras. Eso serían aproximadamente 800 millones de kilogramos, es decir, unas 800.000 toneladas de grava de hormigón. Y para transportarlas harían falta unas 32.000 cargas completas de camión. Solo para nuestra Vía Láctea. No para todo el universo. Solo para una galaxia entre miles de millones.

Nuestra Tierra, en esta imagen, ni siquiera sería un guijarro propio. Sería más bien un grano de polvo sobre la superficie de un guijarro.

Ahora mirémonos a nosotros. Una persona mide quizá 1,70 metros. Mientras está lo suficientemente cerca, se distinguen brazos, piernas, cabeza. Pero a partir de unos cinco o seis kilómetros de distancia, una persona apenas es visible a simple vista, y eso solo si hay un terreno completamente llano, sin colinas, casas o árboles entre medo, es decir, con visibilidad total. Entonces no queda más que un punto diminuto, si es que queda algo.

Cinco o seis kilómetros y desaparecemos para el ojo humano. Nuestra Vía Láctea tiene aproximadamente 100.000 años luz de diámetro. Dicho de otra manera, eso son unos 946.000.000.000.000.000 kilómetros.

Si uno deja que esta cifra haga efecto por un momento, enseguida se da cuenta: es una magnitud que nuestra mente apenas puede comprender. Y precisamente por eso queda claro lo diminutos que somos dentro de este conjunto gigantesco.

En esta escala, no somos más que un soplo. No solo tú, yo también, todos nosotros. Y ahora surge la pregunta: ¿es bueno o malo ser tan pequeño, tan insignificante en comparación con el universo?

Para mí la respuesta es clara: es bueno. Por una razón sencilla: quita un peso enorme de los hombros. Porque a menudo vivimos como si el mundo se fuera a acabar cuando algo sale mal. Y, sin embargo, cada uno de nosotros es un punto diminuto en un pequeño planeta, en un brazo secundario de una galaxia que a su vez es solo una entre miles de millones de galaxias.

Eso no significa que tu vida no tenga valor. Solo significa que no todo tiene que estar bajo control. La perfección no es necesaria. Los errores están permitidos.

Algunos ejemplos:

Momentos incómodos. Una frase tonta, un lapsus, un error delante de otros. En la cabeza parece el fin del mundo. En la realidad, muchos apenas se dan cuenta. Y mañana a la mayoría ya no le importa. Todo es temporal.

Peleas y dramas. Un conflicto con alguien, en el tráfico, en la familia, en el trabajo. En ese momento parece enorme. En la gran escala, esa pelea no es ni un grano de arena. Soltar es válido. No todas las batallas tienen que librarse.

Perfeccionismo. Muchos llevan dentro la frase: "No puedo cometer errores". Cuando uno se da cuenta de lo pequeño que es en el universo, también entiende: el currículum no es un documento cósmico. A ninguna estrella le importan las notas o la trayectoria escolar. Eso libera para probar cosas y ver el fracaso como una parte normal de la vida.

Fracaso y nuevo comienzo. Un negocio quiebra, una relación se rompe, un sueño se desmorona. Se siente enorme. En la escala de la Vía Láctea es un parpadeo. Eso puede consolar: empezar de nuevo es posible. Nadie fracasa para siempre, porque también eso es temporal.

Miedo al juicio de los demás. Cuántas veces uno se frena solo por miedo a lo que otros puedan pensar. Cuando queda claro que juntos somos apenas unos granos de polvo en un inmenso montón de grava, la opinión ajena pierde poder. Podemos vivir más relajados.

Aquí hay una diferencia importante: a escala cósmica somos diminutos. A escala humana podemos ser infinitamente importantes los unos para los otros.

Para un niño, una mirada cariñosa de sus padres es más importante que el tamaño de la Vía Láctea. Para una persona solitaria, un solo abrazo puede significar más que todas las estrellas del cielo.

El universo no pregunta cómo fue tu día. Pero tú con algo sencillo puedes hacer que el día de otra persona sea mejor. Y ahí está nuestra oportunidad: cósmicamente somos pequeños, pero en nuestro pequeño fragmento del mundo podemos tener un gran impacto.

Cuando uno acepta no ser el centro del universo, la vida se vuelve más ligera, menos presión, menos miedo, más libertad para hacer lo que realmente importa.

Y de repente vuelve a encajar la frase: todo es temporal. Las preocupaciones, los errores, el enfado, pero también las oportunidades, el l tiempo, el cuerpo.

Incluso el hormigón del garaje que mezclé algún día tendrá grietas, se desgastará y desaparecerá. Nada permanece como es. Ni la grava en la hormigonera. Ni tú. Ni yo. Ni siquiera nuestra Vía Láctea.

Y precisamente por eso encaja aquí esta frase: todo es temporal.

¿Es realmente todo temporal?

Mientras escribía este libro, recibí un mensaje:

«Todo es temporal... mientras creas eso. Todo depende de la propia forma de ver y de la actitud. ¡Sobre los sentimientos no se tiene control!»

Tuve que leer esa frase varias veces. No porque fuera difícil de entender, sino porque provocó algo en mí. Quizá contenga más verdad de la que quise ver al principio.

El mensaje era claro: no todo desaparece solo porque uno lo crea. Hay cosas que permanecen, piense uno lo que piense. Los sentimientos, por ejemplo, los recuerdos, la añoranza, y a veces una enfermedad crónica. Sobre todo, eso, no tenemos ningún control.

Y sí, en parte es verdad.

Cuando se pierde a alguien, el duelo no se puede apagar sin más. Cuando hay amor, no se puede desconectar como un interruptor. Hay cosas que se quedan dentro de nosotros, incluso cuando la situación ya quedó atrás. Y quizá eso también esté bien así.

Y aun así, la vida muestra algo: los sentimientos rara vez permanecen tal como eran. No siempre desaparecen, pero cambian de forma. Del dolor nace comprensión. De la tristeza, recuerdo. De la ira, calma. Y del amor, gratitud.

Tal vez no se trate de que las cosas desaparezcan, sino de que se transformen. Nada permanece igual. Ni siquiera aquello que está profundamente arraigado en nosotros.

Algunas cosas tardan años. Otras solo segundos. Pero todo está en movimiento. Todo cambia.

Y ahora viene la parte que para mí es importante aquí: no quiero decirte en qué debes creer. Solo quiero invitarte a que te detengas un momento y te preguntes a ti mismo:

¿Qué significa "temporal" para ti?

¿Qué ha llegado a tu vida y luego se ha ido?

¿Qué ha cambiado, aunque pensabas que se quedaría para siempre?

¿Y qué pasa con tus sentimientos? ¿Realmente permanecen iguales o se han transformado con el paso del tiempo?

Quizá hayas perdido a alguien y todavía hoy sientas la tristeza. Quizá haya un recuerdo que de inmediato despierte algo en ti. Quizá lleves dentro algo que no ha desaparecido, pero se ha vuelto más silencioso. Y quizá te aferres a algo porque crees que debes hacerlo. O quizá hayas aprendido a soltar porque te diste cuenta de que te hace bien.

¿Qué encaja contigo?

Porque de eso se trata aquí: no de una respuesta perfecta, sino de una mirada honesta hacia dentro.

Puedo entender a quien dice: «Todo es temporal, mientras uno crea eso». Porque sí, también depende de la propia actitud si uno está dispuesto a soltar o no.

Tal vez al final sean ambas cosas: voluntad y cambio. Uno puede decidir cuánto tiempo se aferra a algo, pero no puede impedir que eso se transforme.

Y quizá ahí esté el núcleo: incluso si no soltamos, la vida acaba haciéndolo por nosotros. Desplaza, transforma, renueva, de forma silenciosa, pero constante.

Quizá ambas posturas tengan razón: la idea de que algunas cosas permanecen, y la certeza de que todo cambia.

Al final no se trata de quién tiene razón. Sino de que te concedas espacio para tus propios pensamientos. Y si después de este capítulo te quedas un momento en silencio y te preguntas qué ha sido temporal en tu vida, o qué aún lo es, entonces habrá cumplido su propósito.

El tiempo es relativo

Albert Einstein dijo una vez: «El tiempo es relativo». Una frase pensada desde la ciencia, pero que también es cierta en la vida cotidiana. El tiempo no se siente igual para todos. Una hora en el dentista puede sentirse como una eternidad. Esa misma hora con una persona querida pasa de repente como si solo hubieran sido cinco minutos. A veces el tiempo se estira, a veces se nos escurre entre los dedos.

Cuando esperamos, se hace largo. Cuando vivimos algo bonito, se hace corto. Y en algún momento uno se queda ahí y se pregunta: ¿dónde se han ido todos esos años? También en el día a día se ve constantemente. Ocho horas en un trabajo que no gusta pueden parecer interminables. Ocho horas con pasión, con alegría, con sentido, en cambio, pasan volando.

Este conocimiento a veces me ayuda a ser más paciente. Porque cuando queda claro que el tiempo es relativo, muchas cosas pierden presión. Uno se apura menos. Se enfada menos. Se vuelve más tranquilo. Hubo fases en las que los días se sentían pesados. Preocupación, tristeza, sobrecarga. En medio de eso uno piensa: esto no se va a acabar nunca. Y, sin embargo, pasó. Como todo pasa. Incluso las horas, días, semanas, meses, difíciles son solo tramos del camino.

Y luego están las otras épocas. Las que uno querría retener, porque son ligeras, cálidas, llenas de vida. Pero también ellas pasan. Y precisamente eso es lo que las hace tan valiosas.

El tiempo es relativo. Fluye. Cambia. Nos muestra una y otra vez que nada permanece como es. Tal vez ahí esté el sentido. El tiempo no se puede retener, pero se puede aprovechar mientras nos pertenece. **Porque el propio tiempo es temporal.**

El móvil

A veces me pregunto cuándo dejamos de escuchar de verdad. Cuando empezamos a mirar con más gusto una pantalla en lugar de los ojos de la persona que está sentada justo delante de nosotros.

Lo veo en todas partes. En los entrenamientos, en los cafés, en las familias, entre amigos. Padres que miran el móvil mientras sus hijos hacen deporte. Jóvenes sentados uno al lado del otro, pero casi sin hablar entre ellos. Parejas que salen a cenar y ambos se desplazan en silencio por sus pantallas.

Es como si hubiéramos desaprendido a estar realmente presentes.

A veces lo digo en broma: «Estáis sentados frente a frente. Podéis hablar entre vosotros. No hace falta escribirse». Todos se ríen.

El móvil hace tiempo que es más que un simple aparato. Es despertador, calendario, cámara, centro de mensajes y vía de escape al mismo tiempo. Un compañero constante. Siempre a mano. Siempre importante. Y justo ahí está el problema. Mientras estamos siempre conectados, a menudo nos perdemos la vida que sucede justo delante de nosotros.

Hay una escena del entrenamiento que se me quedó grabada. Un niño mostró con orgullo una técnica recién aprendida. Miró a su madre, buscó su mirada. Pero ella estaba escribiendo un mensaje. Cuando levantó la vista un segundo, el momento ya había pasado. El niño se dio la vuelta y siguió entrenando. Sin drama, sin palabras. Solo ese pequeño pinchazo que no se ve, pero se siente.

Y no afecta solo a los padres. Todos formamos parte de ello. Cuántas veces alguien está delante de nosotros contando algo y nosotros solo asentimos a medias, medio ahí. Medio en otro lugar.

Cuántas veces se desliza el dedo sin pensar, en lugar de mirar el rostro real que tenemos delante.

Desde mi punto de vista, el problema del móvil no es el aparato. Es lo que hay detrás.

Creo que muchos de nosotros ya no soportamos bien el silencio. Porque el silencio no está vacío en el silencio uno se escucha a sí mismo. Y ahí no siempre hay solo calma. También hay pensamientos, presión, preocupaciones, asuntos pendientes, a veces incluso soledad. El móvil facilita huir de eso. Un gesto, un deslizamiento, y ya no hace falta sentir.

El segundo motivo es la costumbre. Nos hemos acostumbrado a llenar cualquier pequeño hueco. Esperar en la caja, estar sentado en el coche, cinco minutos de pausa. Antes eso era simplemente tiempo. Hoy es "tiempo perdido", que se llena rápidamente con contenidos, sin sentido

El tercer motivo es ese constante "tengo que estar disponible". Todo podría ser importante, odo podría ser urgente. Y así es como se siente. El móvil convierte cada momento en una pequeña alerta. Incluso cuando no pasa nada, la idea sigue ahí: podría pasar algo.

Y luego hay otro motivo que a muchos no les gusta admitir: buscamos elogios. Un like. Un mensaje. Una señal de que alguien nos ve. Eso es humano. Pero cuando uno se vuelve dependiente de ello, empieza a perder la cercanía real. Se está sentado uno al lado del otro y, aun así, se esta ausente.

Al final, el problema del móvil suele ser una protección. Nos protege del aburrimiento, de la inquietud, de los sentimientos, de las conversaciones, de las decisiones. Hace la vida más fácil, pero también más plana. Y de repente uno se da cuenta: estoy siempre ocupado, pero no realmente conectado, ni con los demás, ni siquiera conmigo mismo.

Y sí, yo también me descubro haciéndolo. Demasiadas veces los dedos van automáticamente al móvil. Sin motivo, por costumbre, por aburrimiento. O simplemente porque distraerse se ha vuelto muy fácil, hasta que mi esposa me lo hace ver.

Y, sin embargo, justo en el silencio ocurre algo importante. Escuchar de verdad, y ver de verdad. Esa sensación de: estoy realmente aquí. A veces dejo el móvil a propósito. Entonces noto cómo todo se vuelve silencioso. Y cuánto se percibe de repente cuando nada interrumpe, una sonrisa, una mirada, una conversación que gana profundidad.

Todo eso está ahí. Solo que a menudo lo pasamos por alto. Quizá deberíamos recordarlo más a menudo: ningún post, ningún like, ningún mensaje es más importante que la persona que está sentada con nosotros en este momento. Porque algún día ese momento se acaba. Y lo que no se vivió no vuelve.

El móvil puede esperar. La vida no.

También la atención es temporal, y si la regalamos, debería ser de forma consciente.

¿Qué queda?

Al final no queda lo que poseemos, sino lo que hemos compartido, enseñado y amado. Porque no dejamos cosas, sino huellas: una sonrisa, un consejo, un recuerdo, quizá un gesto que dio fuerza a alguien, o una frase que llegó en el momento justo.

Muchas personas persiguen lo material toda la vida: más dinero, más seguridad, más valor. Se trabaja, se ahorra, se invierte. Casas, coches, cuentas. Siempre con la sensación de: cuando tenga esto, entonces estaré seguro.

Pero al final queda claro: el día X nadie se lleva nada de eso consigo. En el fondo, todo lo que poseemos está solo de paso en nuestra vida. Dinero, bienes, estatus, éxito.

Todo es "nuestro" de forma temporal, solo prestado, y algún día habrá que devolverlo. Eso se olvida fácilmente.

Entonces nos aferramos, como si las cosas pudieran darnos sostén. Pero también ellas son solo compañeras por un tiempo. El verdadero valor no está en tener, sino en ser y en dar.

Quizá lo que "poseemos" no sea lo que realmente importa. Quizá la verdadera riqueza sea cuántas personas hemos tocado, cuánta amor hemos dado, cuántas veces alguien recibió esperanza.

Porque esas son las cosas que siguen vivas cuando nosotros ya nos hemos ido.

Las cosas pasan. Los recuerdos permanecen. Las posesiones se pueden heredar, pero no el calor de una sonrisa.

Cuando uno entiende eso, muchas cosas se vuelven más ligeras. Entonces ya no importa cuánto hay, sino cuánto se da. Lo que queda es lo que hemos compartido.

Todo lo demás fue solo temporal.

Mirada hacia atrás

Cuando hoy miro hacia atrás, me asombra lo rápido que ha pasado todo.

Como padre de tres hijos pude vivir épocas muy distintas. Fases en las que dos de mis hijos estaban conmigo casi solo los fines de semana, y más tarde años en los que crié a un hijo yo solo, mientras los dos mayores ya eran adultos. Cada uno de esos periodos fue diferente, y cada uno fue valioso a su manera.

Están esos fines de semana que se esperan durante toda la semana: risas, salidas, pequeñas aventuras, noches de cine, conversaciones, a veces serias, a veces tontas. Y cuando llega el domingo por la noche, uno se pregunta cada vez: ¿a dónde se fue el tiempo?

Más tarde, cuando volví a ser padre de un niño pequeño, comprendí de verdad lo valiosos que son esos instantes. Cuando un niño duerme, ríe, pregunta o simplemente está ahí. Son momentos que nunca se repiten exactamente igual. Pasan en silencio, casi sin darse cuenta, y de pronto hay delante de ti una persona joven que sigue su propio camino.

Con el tiempo aprendí a no contar los días, sino a sentirlos. A no esperar a que los niños "por fin" crezcan, sino a vivir el momento en el que son pequeños. Porque lo que hoy parece algo normal, mañana ya es recuerdo.

Los padres planifican mucho: trabajo, citas, obligaciones. Los niños viven en el ahora. Para ellos no importa cuánto se ha hecho, sino si uno está ahí. Y eso es, para mí, el mayor regalo que se les puede hacer a los hijos: tiempo.

Estoy agradecido por cada hora en la que pude ser padre, por cada sonrisa, por cada "papá", por esta vida cotidiana tan normal que una y otra vez nos recuerda lo esencial.

Porque una cosa es segura: el tiempo con los hijos pasa más rápido de lo que uno piensa. Y no vuelve.

Por eso, disfruta cada momento.

Porque también este tiempo es temporal.

Cuando los hijos se van

Llega un día en el que el hijo que has criado se muda. Ese momento que uno intenta aplazar durante mucho tiempo, porque en el fondo sabe que llegará, y aun así se siente como si de repente una parte de tu propia vida hiciera la maleta.

Cuando mi último hijo se fue de casa con 19 años, me miró y me preguntó: —¿Y ahora qué vas a hacer sin mí? La respuesta salió espontánea: —Llorar todo el día. Nos reímos los dos, y al mismo tiempo quedó claro: en esa broma había más verdad de la que a uno le gustaría admitir.

En las semanas previas escuche esa pregunta a menudo: —¿Cómo te sientes con mi mudanza a la otra ciudad? Y, siendo sincero: mal. Era extraño después de tantos años. La casa se volvió más silenciosa, el día a día más tranquilo, casi demasiado tranquilo. Faltaba algo que se había vuelto completamente natural: esos pequeños detalles cotidianos, un ruido en el pasillo, una voz desde la habitación, una frase corta en la cocina.

En ese tiempo me alegré de no estar solo. Mi mujer, Silvina, estuvo ahí. Me acompañó en esos días, me sostuvo cuando se hacía difícil y me mostró una y otra vez que la vida continúa. Solo la sensación de no tener que cargar con todo uno mismo marcó una gran diferencia.

Y entonces, poco a poco, apareció otro pensamiento: esto también forma parte de la vida.

Los hijos no se crían para retenerlos, sino para que puedan irse. Justo ahí está el sentido, por doloroso que a veces sea. Soltar no significa que no importe. Soltar significa tener confianza: en lo que uno les ha transmitido y en la vida.

Si miro atrás, hubieron muchos momentos en los que hubo que soltar: relaciones, lugares, personas, trabajos, situaciones. A menudo dolió, y cada vez, con el tiempo, surgió espacio para algo nuevo.

Aquí ocurre lo mismo. El corazón necesita tiempo para adaptarse, pero crece con cada cambio.

Aquella noche, solo en el salón, volvió ese pensamiento que me acompaña desde el inicio de este libro: todo es temporal.

Pero quizá ahí reside también la belleza. Cuando nada permanece, se aprende a amar el momento en lugar de intentar retenerlo.

Cuando los hijos se van, el amor permanece.

Y también este dolor es temporal.

El nuevo comienzo

Con la mudanza de mi hijo no comenzó solo una nueva etapa para él, sino también para nosotros en casa. Para él fue un inicio: una vida propia, un nuevo entorno, otra ciudad, un hogar propio, caras nuevas, unos estudios que empiezan, una mezcla de curiosidad, emoción, libertad e inseguridad. Había orgullo, y al mismo tiempo ese momento silencioso: ahora sí, de verdad, ha llegado el momento.

Antes de que nuestro hijo de 19 años se mudara, mi mujer y yo viajábamos regularmente a Dortmund para ayudarle: renovar el piso, montar muebles, instalar la cocina, pintar paredes, arreglar pequeñas cosas. Esos viajes nos mantenían ocupados, daban estructura a la transición. Uno seguía estando dentro, tenía una tarea, y se sentía: lo estamos acompañando.

Y de repente fue así: ahora él vive allí, y nosotros vivimos aquí. De pronto había más espacio, más orden, más calma, y precisamente eso fue, al principio, algo extraño.

No eran solo las cosas grandes, eran las pequeñas. En el recibidor, de repente, solo había dos pares de zapatos. Por la noche, las luces de la casa se quedaban apagadas más a menudo. Ya nadie llamaba desde la habitación: "¿Puedes un momento…?". Nadie entraba en la cocina solo para coger algo rápido y soltar una broma. Al hacer la compra, las bolsas se llenaban diferente, los tickets eran más cortos, y al mismo tiempo la mirada se posaba en otras cosas. Comprábamos de otra manera, pensábamos de otra manera, planeábamos de otra manera. Estos cambios suceden en silencio, sin que uno lo note, hasta que de repente te das cuenta: este es ahora nuestro nuevo día a día.

Esa calma a veces era agradable, otras veces tenía algo de melancolía. No algo malo, solo nuevo. Un silencio que deja espacio para los pensamientos, para los recuerdos, para ese breve mirar atrás: ¿te acuerdas de cómo era antes?

Con el tiempo quedó claro: esto también es un nuevo comienzo. No solo para nuestro hijo, sino también para nosotros. El tiempo que antes, de forma casi automática, estaba lleno de familia, ahora se va llenando poco a poco de otra manera: paseos, conversaciones, tranquilidad compartida, más "nosotros".

Y aun así, la familia no desaparece, solo cambia de forma. Del convivir diario nace otra forma de estar juntos. Del "ven un momento" pasa a ser un "llama de telefónico". Del día a día nace una visita que se espera con ilusión. De la cercanía nace la confianza.

A veces miro el lugar donde antes éramos tres y pienso: qué rápido pasó todo. Y entonces vuelve el orgullo, porque lo que hemos dado sostiene. Nuestro hijo sigue su camino, y nosotros seguimos el nuestro. Quizá ese sea el siguiente paso: no menos familia, sino otra forma de familia. Ahora se trata de mirar hacia adelante, de no aferrarse, sino de aceptar. De permanecer abiertos a lo que venga, a lo nuevo, al cambio, a la vida misma.

Quiero vivir lo que la vida regala de la forma más consciente posible: sin prisas, sin correr, ver, sentir, escuchar, experimentar. De modo que algún día pueda mirar atrás y pensar con una sonrisa: sí. ¡Así estuvo bien!

Aunque solo fuera temporal.

El camino hacia el primer libro

Mi primer libro, *El arte del Wing Chun*, no fue un proyecto que surgiera así sin más.

Fue un camino largo. Diez años de trabajo, dudas, pausas, nuevos comienzos, pequeñas victorias y grandes preguntas. Diez años en los que a menudo aparecía el pensamiento: ¿a dónde se supone que debe llevar todo esto?

Hubo épocas llenas de energía, ideas sin fin, entusiasmo. Me sentaba al escritorio y los pensamientos fluían. Página tras página nacía algo que se sentía correcto.

Y luego llegaron los otros días. La mente en blanco, la rutina pisándome los talones, o simplemente ninguna gana de seguir. Entonces aparecían las preguntas: ¿para quién es realmente este libro?, ¿qué temas deben entrar?, ¿cómo deberían estar construidos los capítulos?, ¿qué dibujos, fotos y ejemplos encajan de verdad?

A veces escribía las primeras líneas, las leía al día siguiente y lo tachaba todo de nuevo. Luego el proyecto quedaba parado durante semanas, hasta que un nuevo pensamiento, una experiencia o una conversación me devolvía al escritorio.

En ese tiempo entendí algo importante: la inspiración no siempre llega sola. A veces hay que quedarse sentado, incluso cuando las palabras no fluyen. A veces la disciplina es más importante que la motivación. Y a veces basta una pequeña chispa para que el fuego vuelva a arder.

Rendirse nunca fue lo mío, desde hace décadas. Perseverar forma parte del arte, no solo en el Wing Chun, sino también al escribir. Ambas cosas requieren paciencia, claridad y entrega.

Hoy tengo *El arte del Wing Chun* en mis manos y, cuando miro atrás a esos diez años, sé que cada hora, cada duda, cada pausa tuvo su sentido.

Fue un proceso, no un esprint. Un viaje que me formó como maestro, como persona y como autor.

Y como todo en la vida, tampoco esta etapa fue infinita. Las largas horas frente al escritorio, las noches sin dormir, el ir y venir en la cabeza, todo eso fue solo una fase.

Quizá ahí esté precisamente lo más bonito: que algo que necesitó tanto tiempo hoy esté ahí, en palabras, en pensamientos, en las manos de quienes lo leen.

Porque incluso el esfuerzo pasa, pero lo que creamos puede permanecer.

Fue duro. Fue instructivo. Fue temporal.

Bendecido por poder hacer lo que amo

A veces uno mira su vida y se pregunta cómo llegó todo hasta aquí. Entonces vuelven los comienzos: salas pequeñas para entrenamiento, de condiciones sencillas, días en los que solo había un puñado de alumnos en clase.

En aquel entonces el Wing Chun era sobre todo pasión. Más corazón que plan. Se trataba de entrenar, de entender, de mejorar, y de transmitir este gran arte marcial.

Hoy, muchos años después, lo que siento es sobre todo gratitud. Y sí, también un poco de orgullo. No porque todo haya sido perfecto, sino porque de algo pequeño nació algo real. De un hobby salió una vocación. De una idea, una escuela. Y de los alumnos, con el tiempo, una especie de familia: personas que comparten la misma pasión y se empujan unas a otras.

Y eso también es temporal. No en el sentido de "se termina", sino en el sentido de que cambia. Una vocación rara vez se mantiene exactamente igual. Crece, se vuelve más silenciosa o más grande, pero sigue viva.

Desde 1995 doy clases de artes marciales. Muchas cosas han cambiado, pero lo esencial se ha quedado: la alegría de enseñar, ese brillo cuando alguien entiende algo de golpe, y esa energía especial que hay en un buen entrenamiento.

Quizá, querido lector, te haces exactamente esta pregunta: ¿cómo se encuentra una vocación y el valor para hacer lo que uno ama, a pesar de los altibajos? Antes de responderte, quiero dejarte una sabiduría china:

«Si quieres ser feliz una hora, duerme una siesta. Si quieres ser feliz un día, ve a pescar. Si quieres ser feliz un año, hereda una fortuna.

Si quieres ser feliz toda la vida, ayuda a los demás». -Proverbio chino-

Has leído el libro hasta aquí y ya me conoces un poco. "El dinero no lo es todo", dice la gente. Y si unes eso con la idea de que al final todo es prestado, la dirección se vuelve clara.

Ayudar a otros vale más. Es incalculable, y es duradero. Porque las personas a las que ayudas no solo se alegran: crecen. Y ahí está lo bonito de ayudar: dejas huellas, dejas algo real, algo que no se puede pagar con dinero.

En mi caso, el Wing Chun empezó como un hobby, simplemente por pasión. Con los años fueron llegando más personas que querían entrenar. Creció, se volvió más intenso, y llegó un punto en el que tuve que tomar una decisión, porque en esa época yo era autónomo trabajando en ventas externas. (De esa etapa contaré más en el volumen 2 de esta serie,) pero aquí basta con esto: las dos tareas ya no cabían juntas. El día no era lo suficientemente largo.

En el año 2000 estaba ante una elección: seguir con un trabajo bien pagado y con oportunidades extraordinariamente buenas, o concentrarme por completo en la escuela de artes marciales, con expectativas mucho más bajas en cuanto a ingresos.

La decisión ya la conoces. Y nunca la he lamentado.

Sobre la pregunta del valor, me planteé algo muy simple: ¿qué es lo peor que puede pasar? Tener valor no significa no tener miedo. Tener valor significa ir igualmente, porque sabes: también el miedo es temporal. No se queda para siempre. Pero lo que construyes puede quedarse.

Claro que había responsabilidad: alquiler, gastos privados, gastos del negocio... todo tenía que funcionar. Pero si no hubiera alcanzado, habría aceptado trabajos extra o habría buscado otras fuentes de ingresos. Porque quien de verdad quiere trabajar, encuentra trabajo.

Y sí, la verdad es que durante uno o dos años tuve que ganar dinero adicional para mantener la escuela estable. Fue duro. Hoy lo sé: lo duro siempre se siente como "para siempre", pero no lo es. Es solo una etapa. Y ese conocimiento muchas veces me sostuvo día tras día.

Pero ver cada día esas caras felices, vivir la unión de niños, jóvenes y adultos, sentir que aquí nace algo que le hace bien a la gente... eso valió el esfuerzo.

Y además, bueno: rendirse nunca fue lo mío.

Con este equipo que se siente como una segunda familia, ya se han ganado más de 40 títulos mundiales. Ver en torneos cómo los alumnos aplican lo que construimos juntos es una sensación fuerte. No solo por las medallas, sino porque queda claro: el entrenamiento funciona, el trabajo vale, la gente crece.

Porque el éxito no es casualidad. Detrás hay disciplina, confianza, unión, y muchísima repetición, incluso en días en los que uno no tiene ganas.

Es un regalo poder hacer lo que uno ama. Muchas personas pasan años en trabajos que no las llenan. Sueñan, pero no dan el paso. Yo tuve esa suerte, y por eso me siento bendecido y agradecido.

En los últimos años se sumó otra cosa: escribir. Al principio eran notas pequeñas, pensamientos, frases. Luego fue más. No como sustituto, sino como complemento. Otra manera de compartir lo que mueve.

La enseñanza sigue siendo lo primero. Pero escribir me ayuda a ordenar, a reflexionar y, a veces, también a soltar.

Cuando uno mira hacia atrás, no ve solo éxitos. Ve también golpes, desvíos, etapas duras, y justamente esas son las que más me han formado.

Y mientras nacen estas líneas, una cosa vuelve a quedar clara: también este tiempo, por bonito que sea ahora, algún día será recuerdo.

Todo es temporal. Y quizá ese sea el regalo más grande.

El siguiente capítulo

Hace algún tiempo alguien me hizo una pregunta: «¿Cuándo está realmente terminado un libro así?» Sonreí, porque la pregunta suena sencilla a primera vista, pero no lo es. ¿Cuándo está algo realmente terminado? ¿Una casa, una relación, una etapa de la vida, un pensamiento?

La respuesta más honesta suele ser: nunca del todo. Porque todo cambia, porque uno mismo cambia, y porque la vida siempre aporta nuevas perspectivas. Precisamente por eso esta frase también encaja aquí: todo es temporal, incluso la sensación de "estar terminado".

Cuando se escribían las últimas líneas, me di cuenta de algo: un final rara vez es un final verdadero. Más bien es una parada intermedia, un momento para mirar atrás, respirar hondo y dejar que lo vivido haga efecto.

Mientras escribía, más de una vez pensé: este es el último capítulo. Y entonces volvía a aparecer algo: un recuerdo, una conversación, una situación. Y de repente había otro tema para otro capítulo que también pertenecía a este libro.

Aun así, en algún momento hay que tomar una decisión: por ahora está completo. No porque no haya nada más que decir, sino porque es hora de hacer una pausa. Porque, igual que en la vida, también al escribir se cumple una regla: toda historia necesita aire.

Este libro no quiere ser para mí una "obra terminada" que se cierra y se deja a un lado. Es más bien un diálogo entre tú y yo.

Tal vez, al leerlo, pensaste en tus propias experiencias. Tal vez recordaste algo que llevaba mucho tiempo dormido, o surgió un pensamiento que te gustaría compartir. Eso es exactamente lo que deseo: que el libro no se detenga en el último punto, sino que continúe dentro de ti. Por eso, una invitación.

Si has vivido una historia que encaje con este tema, algo que te haya mostrado lo pasajero que puede ser todo, o un momento que te haya conmovido profundamente, escríbeme. Tal vez solo unas palabras; tal vez una pequeña historia, o sencillamente un pensamiento. De aportaciones así puede nacer el volumen 2: una colección de momentos reales, de la vida, de personas como tú.

Yo leería los textos, los seleccionaría y a partir de ellos formaría nuevos capítulos, igual que he hecho aquí. Y si lo deseas, tu nombre puede aparecer en el próximo libro. No como un gran titular, sino simplemente como señal de que las palabras conectan y de que los pensamientos se transmiten.

Porque este libro no es solo mi proyecto. Es también un pequeño fragmento de vida compartida, expresada en palabras, experiencias y sentimientos.

Todos llevamos historias dentro que pueden ayudar a otros a ver la vida de una forma más ligera. A veces son cosas pequeñas: una frase, una mirada, un encuentro. Y de pronto algo se mueve por dentro.

Una historia que me conmovió mucho vino de mi hermano menor.
Un padre estaba siempre ocupado, siempre con la cabeza en el trabajo. Un niño pequeño se le acercó y le preguntó: «Papá, ¿cuánto ganas por hora?» El padre se sintió molesto y respondió de forma seca: «20 euros».
El niño se fue. Más tarde volvió y preguntó en voz baja: «Papá, ¿me puedes prestar 10 euros?» El padre se impacientó: «¿Para qué los quieres? Si hace poco te di tu paga».
El niño dijo: «Los 10 euros ya los tengo. Si me prestas otros 10,

tendré 20». El padre no entendía a dónde quería llegar. Entonces el niño dijo: «Así puedo comprar una hora de tu tiempo».

Esa frase se queda dentro. Porque es sencilla. Y porque muestra de qué se trata realmente al final.

Si quieres enviarme tus pensamientos, ideas o pequeñas vivencias, puedes hacerlo por correo electrónico a: book@ml-publishing.com

Tal vez te encuentres luego en el próximo libro, en un capítulo inspirado en tu vida. Porque este libro no termina realmente aquí. Continúa en ti, en mí, en todas las historias que aún quieren ser contadas. Y lo más bonito de todo es esto: nos recordamos mutuamente lo que de verdad importa.

También este final es solo temporal.

Más largo, más corto

A veces ayuda no ver la vida como un bloque enorme, sino como muchos pequeños tramos.

Si somos sinceros, nuestra vida está formada por transiciones: de una etapa a otra, a veces suaves, a veces duras, a veces planificadas, a veces repentinas, pero al final siempre es un cambio.

Nacimiento, guardería, escuela primaria, instituto, formación profesional o estudios universitarios, primer trabajo, segundo trabajo, quizá un cambio de profesión, una formación adicional, nuevos compañeros, nuevas reglas, nuevas preocupaciones, nuevas oportunidades.

Y lo mismo ocurre en la vida privada. Primera relación, segunda relación, tal vez una separación, un nuevo comienzo, quizá el gran amor, o algún desvió que duele, pero que al final te fortalece.

Luego están las etapas que nadie desea y que, de todas maneras, llegan: una enfermedad, una operación, un miedo real, o simplemente el momento en que uno se da cuenta de que la salud no es algo garantizado.

Primer departamento, segundo departamento, una mudanza, un nuevo hogar, nuevos vecinos, nuevos caminos, y también las cosas bonitas: el primer viaje, el segundo viaje, nuevos lugares, nuevos recuerdos.

Si se mira así, queda claro: nada de esto es para siempre. Algunas cosas duran solo semanas, otras se prolongan durante años, pero incluso los años pasan algún día y, cuando miramos atrás, muchas veces pensamos: eso fue "solo" una etapa.

Creo que esa es una de las comprensiones más importantes de la vida.

Porque cuando estamos dentro de una situación, a menudo sentimos que nunca terminará, da igual si es algo bonito o algo difícil. Lo bonito queremos retenerlo, lo difícil queremos que desaparezca de inmediato, pero ninguna de las dos cosas funciona.

Lo bueno no dura eternamente, y lo difícil a veces se siente eterno, pero también pasa. Ambas cosas son temporales.

Y no lo digo de forma fría o indiferente, lo digo como consuelo, porque da espacio para respirar.

Si ahora mismo estás pasando por un momento difícil, recuérdate esto: es una etapa, no toda tu vida.

Y si estás viviendo una buena etapa, recuérdate lo mismo: también es una etapa, disfrútala, estate presente, porque incluso lo bueno algún día seguirá su camino.

Muchas personas viven como si todo fuera definitivo. Una discusión se convierte en una catástrofe, un error en el fin del mundo, una mala noticia en un miedo inmediato al futuro. Pero todos sabemos que ya hemos superado muchas cosas.

Cuando miro mi propia vida, lo veo claramente. Hubo tiempos en los que pensé: esto no se puede soportar, y hoy ya son recuerdos. Y hubo momentos tan hermosos que habría querido congelarlos, y hoy son imágenes en mi mente que dan calor. Todo siguió adelante, etapa tras etapa.

Quizá esta sea una buena manera de mirar la vida: no para hacerla más pequeña, sino para hacerla más ligera.

Sin tanta presión. No hay que controlarlo todo, no se puede retener todo, no se puede evitar todo, pero sí se puede vivir de forma consciente.

Uno puede preguntarse más a menudo: ¿en qué etapa estoy ahora?, ¿qué es importante en este momento?, ¿qué me hace bien?, ¿qué no?, ¿qué puedo cambiar y qué no?

Y a veces basta una sola frase para sentirse más tranquilo: Es solo una etapa.

Cuando miramos nuestro pasado, casi siempre nos damos cuenta: ya haya sido una etapa bonita o una etapa difícil, al final fue "solo" una etapa, a veces más larga, a veces más corta, pero nunca toda la vida.

Y precisamente por eso vale la pena tomar el momento en serio, pero no hacerlo demasiado pesado, porque también este momento es temporal.

La pareja

Recién ahora menciono en este libro a mi esposa Silvina de forma más detallada., por una razón muy clara. Todo aquello sobre lo que he escrito hasta aquí pertenece al pasado: pensamientos, experiencias, recuerdos, momentos que ya pasaron, un parpadeo en la eternidad.

Con Silvina es diferente. Esto no es un recuerdo ni una historia antigua. Esto es el ahora. Mientras estas líneas se escriben, está vivo, respira, existe. Y precisamente por eso no quise colocar este capítulo entre otros. Está aquí, al final, como aquello que permanece. Y quizá eso ya lo diga todo: no sin un motivo la tengo guardada en mi teléfono como "La Mujer de mi Vida", porque para mí esa frase no significa solo romanticismo, sino haber llegado, significa la calma y esa sensación de que, por fin, cobra sentido.

Una verdadera pareja no se demuestra solo en los días en que todo es fácil, sino también cuando la vida te pone a prueba. Se muestra cuando la vida pone a prueba. Amar en pareja no significa andar por un camino perfecto, sino sostenerse cuando el camino se pone cuesta arriba.

Silvina llegó a mi vida cuando ya había dejado mucho atrás. Mucho vivido, muchos cargos, y años solo con mi hijo menor. Durante diez años fui padre y madre al mismo tiempo. Y entonces ella estaba allí. Y de pronto había alguien que no solo me veía a mí, sino también a mi hijo.

Cuando llegó el outing, no fue un camino sencillo. Pero Silvina estuvo de nuestro lado desde el primer momento. Sin dudar, sin condiciones, con el corazón abierto y una comprensión genuina. Sin preguntas, sin presión, sin "por qué". Simplemente presente. Con amor, con calma, con fortaleza. En los años a partir de 2021 nos apoyó en todo lo que pudo y muchas veces me cubrió la espalda. Me dio la tranquilidad que necesitaba para volver a escribir.

Ya años antes de conocernos había empezado a trabajar en *El arte del Wing Chun*. Pero no avanzaba realmente, porque me faltaba precisamente eso: tranquilidad. Con ella, eso cambió. Creó espacio para mis pensamientos, me dejó trabajar en silencio y comprendió que la creatividad necesita tiempo. Sin apurar, sin impaciencia. Solo ese silencioso "hazlo".

Pero nuestra relación no se basó solo en palabras. También hubo sudor y polvo. Juntos compramos una casa de 120 años que necesitaba una reforma completa. Nueve meses de trabajo. Sin fines de semana, sin festivos, sin Navidad. Mientras otros disfrutaban de su tiempo libre, nosotros estábamos en medio del polvo. Pintura en las manos, dolores en los brazos.

Hicimos alrededor del 90 % nosotros mismos: alisar, pintar, revocar paredes, colocar suelos, tirar techos, levantar paredes etc. A menudo hasta altas horas de la noche. Y Silvina no se quedó atrás en nada. Se puso manos a la obra donde otros ya habrían tirado la toalla.

También esa etapa fue dura. Pero como todo en la vida, fue temporal. Hoy vivimos en un hogar acogedor. Y cada pared, cada suelo, lleva dentro nuestro trabajo compartido. Eso se siente como haber llegado. Para mí, eso es una verdadera pareja. No grandes palabras, sino acción. No solo amor en los buenos momentos, sino unión cuando se pone difícil.

Y si tú, como yo, ya has vivido varias relaciones o matrimonios fallidos, no dejes de buscar. Quiero creer que para cada persona existe un equivalente, la otra mitad, alguien que te ame, te complemente, con quien crecer y construir algo juntos. Quizá no perfecto, pero verdadero. Quizá no ruidoso, pero auténtico.

Tal vez estés pensando ahora, querido lector: "¿Cómo? ¿Y lo de Silvina no es temporal? Pensé que todo era temporal".

Y la respuesta es: claro que lo de Silvina también es temporal. Como todo. Solo que es así: si todo continúa como hasta ahora, primero uno de los dos tendrá que dejar este mundo para poder decir realmente, mirando atrás: "Eso fue temporal". Y ojalá falten aún muchas décadas para eso.

Hasta entonces, para mí es simplemente lo que cuenta: estar juntos, sostenernos, seguir adelante juntos, reír juntos, vivir juntos lo mejor posible, mientras sea posible.

Estoy agradecido de que Silvina sea parte de mi vida. No porque siempre lo haya hecho más fácil, sino porque lo ha hecho más real. Gracias, Silvina, por tu amor, zu alma. Por tu fortaleza. Y por todo aquello que no se puede describir realmente con palabras.

Reflexión final

Cuando miro atrás y observo mi vida, veo alegría y dolor, éxitos y fracasos, amor y despedidas, como un recorrido, a veces hacia arriba, a veces hacia abajo, y sin embargo reconozco sobre todo una cosa: movimiento. Nada quedó como estaba, y visto con el paso del tiempo, muchas veces positivo.

Con los años he aprendido a no tomarme la vida tan en serio, a enfadarme menos por cosas que no puedo cambiar y a disfrutar con más consciencia de lo que está presente ahora.

Todos somos parte de este gran flujo que llamamos vida, a veces tranquilo, a veces turbulento, pero siempre en movimiento. No podemos detenerlo, solo podemos aprender a fluir con él.

Y si somos honestos, no son los grandes hitos los que realmente cuentan al final. Son los pequeños momentos: una mirada, una risa, una frase dicha en el momento justo, una persona que está ahí, una mano sobre el hombro, un instante silencioso en el que uno siente: esto es suficiente.

Tal vez ahí resida la verdadera fortaleza: no querer controlarlo todo, no tener que luchar en todas partes, sino reconocer cuándo es el momento de soltar.

Y esa es precisamente la esencia de este libro, y quizá también de la vida misma: no lo tomes todo tan a pecho, disfruta más, permanece más a menudo en el ahora, porque también este momento es temporal.

Porque todo es temporal.

Avance del libro – Volumen 2

El volumen 2 está en planificación.
Estos son primeros títulos de reflexiones.
Tal vez algunas cosas cambien todavía, pero la dirección es esta.

- Suzi la Pata
- Canicas
- Contactos sociales
- La aguja
- ¿Quieres salir conmigo?
- Kings of Death
- Fratellini
- Los años 80
- El detonante del comienzo: Wing Chun
- Jennifer Lopez
- Albóndigas Betty
- De repente, padrastro
- El trabajo de consejo finanziero
- Padrastro II

Agradecimientos

Probablemente nadie escribe un libro completamente solo. Aunque muchas horas frente al escritorio parezcan silenciosas y solitarias, una obra así nace siempre de encuentros, conversaciones, recuerdos y de las personas que se cruzan en el camino.

Gracias, Silvina, mi amor. Por tu paciencia, tu comprensión y tu amor. Me has sostenido en momentos en los que dudaba, me diste la calma que necesitaba y estuviste ahí sin presionar, sin condiciones, simplemente presente. Y como eres tan lectora, casi nunca sin un libro por las noches, pudiste darme una y otra vez tu mirada como lectora. Justamente eso me ayudó a hacer este libro más cercano, más claro y más redondo, más humano.

Gracias a mis hijos. A través de ustedes he aprendido tanto sobre la paciencia, la responsabilidad y sobre lo que realmente importa en la vida. Muchos pensamientos de este libro nacieron de momentos que viví con ustedes; fueron y siguen siendo mi inspiración.

Gracias a mis amigos, a mis alumnos, a todos los compañeros de camino y lectores. Por las conversaciones, las preguntas, la motivación y, a veces, también por cuestionar. Cada encuentro ha dejado huellas, y muchas de esas huellas están presentes en este libro.

Un agradecimiento especial a Silvina por la revisión del texto y su mirada clara para los detalles. Con su sensibilidad lingüística, su amor por los libros y su manera tranquila, le ha hecho muy bien a este libro.

Sobre el autor

Mario Lopez vive en Duisburg, Alemania, junto a su esposa Silvina. Escribe de la misma manera en que vive: directo, honesto y sin adornos innecesarios. Cuando no está enseñando o escribiendo, disfruta pasar tiempo con su familia y amigos, jugar al billar o salir a andar en moto. Vive el momento y se recuerda una y otra vez: todo es temporal.

Recomendaciones de lectura

The Explosive Art of Close Range Combat – de Randy Williams
Seis volúmenes con aplicaciones, técnicas y reflexiones sobre el Wing Chun.

Close Range Combat Wing Chun – de Randy Williams
Tres volúmenes dedicados al desarrollo y la profundización del sistema Wing Chun.

Mi regalo para ayudarle a dejar de fumar – de Peter Kruse
Ameno, motivador y sin tono moralizante. (en español y alemán)

El arte del Wing Chun – de Mario Lopez.
Mi primer libro, con más de 100 códigos QR que enlazan directamente a vídeos. Ideal para principiantes, practicantes avanzados e instructores.

Gracias

Si has leído hasta aquí, te doy las gracias. Tal vez te hayas reconocido en algunas líneas, tal vez hayas pensado en alguien, tal vez hayas sonreído en algún capítulo o te hayas quedado en silencio por un momento. Precisamente por eso he escrito este libro.

No para decirte cómo debes vivir, sino para recordarte que muchas cosas se vuelven más ligeras cuando uno entiende que todo cambia.

Si estás pasando por un momento difícil, te deseo fuerza y paciencia; también eso pasará. Y si estás viviendo una buena etapa, te deseo que la disfrutes a pleno, con atención y gratitud, porque precisamente esos instantes se convierten muy rápido en recuerdos.

Cuídate y no olvides, de vez en cuando, simplemente estar presente.

Todo es temporal.

Mario Lopez

www.ingramcontent.com/pod-product-compliance
Lightning Source LLC
LaVergne TN
LVHW051009080826
845145LV00009B/2526
* 9 7 8 3 9 1 2 3 7 3 1 3 4 *